Brouillons d'écrivains,
du manuscrit à l'œuvre

ÉTONNANTS • CLASSIQUES

Brouillons d'écrivains,
du manuscrit à l'œuvre

Présentation, notes, choix des documents et dossier par
FRANCINE GOUJON,
professeur de lettres

GF Flammarion

Dans la même collection,
série « La littérature en questions »

L'Autobiographie
Baroque et Classicisme
La Biographie
L'Humanisme et la Renaissance
Les Lumières
Les Métamorphoses d'Ulysse. Réécritures de l'Odyssée
Monstres et chimères
On n'est pas sérieux quand on a quinze ans. Adolescence et littérature
Poésie et lyrisme
Le Portrait
Raconter, séduire, convaincre. Lettres des XVIIe et XVIIIe siècles
Réalisme et Naturalisme
Robinsonnades. De Defoe à Tournier
Le Romantisme
Le Surréalisme

Édition revue, 2006.
ISBN : 978-2-0807-2282-9
ISSN : 1269-8822

SOMMAIRE

Brouillons d'écrivains,
du manuscrit à l'œuvre

LES DIFFÉRENTES ÉTAPES DE LA GENÈSE

PRÉSENTATION

La genèse d'un texte ou d'une œuvre est le parcours qui va des premières traces écrites, quelques mots seulement parfois, jusqu'au roman, au poème ou à la pièce de théâtre publiés ou au moins achevés. Le mot « genèse » vient du nom grec *genesis* qui signifie « naissance ». Dans la Bible, le chapitre intitulé la Genèse décrit la création du monde. En étudiant la genèse d'une œuvre, c'est le mouvement de la création artistique qu'on espère observer et comprendre. Ce dernier peut prendre des formes multiples, être un parcours plus ou moins long et complexe : les méthodes de travail, la lenteur ou la rapidité, la facilité ou la difficulté d'écriture varient beaucoup d'un auteur à l'autre. Par ailleurs, les techniques de reproduction et de diffusion des livres influent sur leur production. On n'écrit pas de la même façon au Moyen Âge – quand les supports sont rares et chers et le livre recopié à la main – et après l'invention de l'imprimerie. De nos jours, il est évident que l'ordinateur modifie profondément les conditions de production des textes, dans une proportion encore impossible à évaluer. Quoi qu'il en soit, et à de très rares exceptions près, une œuvre littéraire ne naît pas constituée, dictée par une inspiration qui exclut les retouches. Elle n'est pas davantage entièrement réalisée selon un modèle prédéfini, comme un objet manufacturé, même si elle obéit en partie aux modes de pensée et aux exigences esthétiques de son époque, et même dans le cas où l'auteur en a une conception claire dès le départ. Quant à sa parution, elle est le résultat d'un travail plus ou moins long, d'un certain nombre de choix décisifs, d'échecs partiels et de découvertes soudaines. Enfin, il arrive que l'auteur réalise qu'il s'est engagé dans une impasse et renonce à son projet, ce qui n'empêche pas le critique de s'interroger sur la genèse de cette œuvre inaboutie.

Avant-textes et manuscrits

La critique génétique vise donc à reconstituer le parcours de la création littéraire à partir de tous les documents disponibles, qui peuvent être des brouillons plus ou moins fragmentaires ou complets, des notes de lecture préparatoires, des plans généraux ou partiels, des manuscrits, des dactylographies – parfois appelées tapuscrits –, des épreuves d'imprimerie [1]. C'est ce que l'on appelle les avant-textes ; plus l'ensemble des avant-textes est complet, plus l'information collectée est riche, et plus les hypothèses du chercheur seront sûres. Mais cette première opération de collecte n'est pas toujours réalisable ni facile. Certains auteurs détruisent leurs manuscrits, soit parce qu'ils n'y attachent pas d'importance, soit parce qu'ils ne veulent donner à lire qu'une œuvre achevée. À sa mort, Kafka (1883-1924) avait demandé à un ami – qui n'a pas respecté sa volonté – de brûler les siens. D'autres avant-textes sont offerts ou vendus par l'auteur lui-même, ou par ses héritiers, et dispersés dans diverses bibliothèques ou chez des collectionneurs qui n'en révèlent pas l'existence. La valeur marchande des manuscrits les rend moins accessibles. Le cas de Victor Hugo, qui a légué l'ensemble des siens à la Bibliothèque nationale, n'est pas le plus courant. Souvent, les chercheurs doivent se livrer à une véritable enquête pour déterminer le nombre et l'emplacement

1. Un lexique situé dans le dossier (p. 126-129) regroupe et explique les termes les plus couramment utilisés en critique génétique.

des documents qui leur sont nécessaires pour constituer un dossier de genèse.

La partie centrale de ce dossier est composée de manuscrits. Mais il faut ici préciser le sens qu'on donne au mot « manuscrit », car sa polysémie peut créer des ambiguïtés. Dans l'Antiquité et au Moyen Âge, le livre publié est toujours un manuscrit, en ce sens qu'il est écrit à la main (c'est l'étymologie du mot : *manuscriptum* est formé à partir de *manu scriptus*, « écrit à la main »), mais en plusieurs exemplaires et par des copistes. Calligraphié, parfois orné de très belles enluminures, ce n'est nullement un brouillon. Les manuscrits modernes – qui nous occupent – sont écrits de la main de l'auteur (ils sont autographes), parfois de celle d'un secrétaire (ils sont allographes), et toujours à l'usage exclusif de l'auteur. Ce peuvent être des brouillons très raturés ou des pages lisibles, proches du texte définitif, mais, dans l'élaboration de l'œuvre, ils précèdent toujours le moment où le livre sera imprimé et publié. On appelle ces manuscrits « manuscrits de travail ». Enfin, le mot peut aussi désigner le livre terminé, que l'auteur présente à son éditeur pour qu'il le publie. Actuellement, il n'est plus écrit à la main ni même tapé à la machine à écrire mais, le plus souvent, saisi à l'ordinateur.

Dans un dossier de genèse du XIXe siècle ou de la première moitié du XXe siècle, il faut donc d'abord distinguer les différents types de manuscrits de travail : les carnets où l'écrivain prend des notes, les plans et les scénarios où il organise le schéma narratif, les listes de mots, d'objets, de personnages qu'il rassemble pour les utiliser, les brouillons parfois très elliptiques, puis de plus en plus rédigés, jusqu'à obtenir progressivement une « mise au net », c'est-à-dire une version à peu près débarrassée des ratures. Viendront ensuite le manuscrit définitif, la dactylographie, les placards d'imprimerie, parfois le livre déjà publié mais corrigé par l'auteur en vue d'une réédition prochaine. Un dossier génétique ne comprend pas nécessairement tous ces types d'avant-textes.

Le dossier d'un poème ou même d'un recueil de poèmes est souvent beaucoup plus léger que celui d'un gros roman. Mais, dans l'ensemble des cas, on peut diviser les avant-textes en trois groupes correspondant aux trois phases de la genèse : la phase pré-rédactionnelle, la phase rédactionnelle, la phase éditoriale.

Les étapes de la genèse

La phase pré-rédactionnelle

La phase pré-rédactionnelle est le moment où l'auteur choisit un sujet, se documente – ce qui est très important pour des écrivains comme Flaubert ou Zola – et prépare des matériaux de toutes sortes qui orienteront ensuite la rédaction. Il prend des notes dans des ouvrages spécialisés (pour décrire la ville ancienne de Carthage dans *Salammbô*, Flaubert lit tous les livres, anciens et modernes, qu'il peut trouver sur le sujet) ou fréquente les lieux et côtoie le milieu social qu'il veut peindre : Flaubert effectue un séjour en Tunisie, sur les ruines de Carthage ; Zola, avant d'écrire *Germinal*, se rend à Anzin, où une grève de mineurs vient d'avoir lieu, tout en recherchant dans les livres les renseignements sur des aspects techniques. Zola définit aussi ses personnages très précisément : leur hérédité, leur physique, leurs maladies, leurs réactions habituelles. Il rédige une ébauche qui indique les objectifs du futur roman, ce qu'il souhaite mettre en relief et par quels moyens. Flaubert, comme Zola d'ailleurs, écrit un plan ou scénario général qui donne le schéma narratif, les lieux de l'action, les atmosphères, et qui sera suivi de scénarios plus détaillés. Au XXe siècle, et dans une perspective beaucoup plus ludique, Georges Perec se donne des règles d'écriture : il constitue des listes où coexistent arbitrairement des lieux, des personnages, des objets et des références culturelles sans rapport évident entre eux. Tout devra pourtant figurer dans un même chapitre sans que le lecteur puisse deviner la consigne initiale.

Il faut ajouter une précision importante : la phase pré-rédactionnelle, très développée chez certains romanciers, est parfois quasi inexistante. Ainsi la réflexion ou l'intuition initiale des poètes ne laisse souvent aucun témoignage écrit. On verra comment les textes de Brassens s'élaborent directement sur les manuscrits. De façon plus mystérieuse, le long roman de Proust, *À la recherche du temps perdu*, a été écrit sans plan initial connu, sans document pré-rédactionnel autre que de brèves notes dans des carnets, ce qui ne signifie pas que l'auteur n'ait pas su où il allait. On distingue en effet deux types d'écriture, qui correspondent à deux types de dossiers génétiques : l'*écriture à programme*, qui s'appuie sur des décisions antérieures et suit un chemin déjà balisé – toute la rédaction est en germe dans la phase pré-rédactionnelle ; et l'*écriture à processus*, où l'auteur, au contraire, organise son texte au fur et à mesure qu'il l'écrit, comme l'a fait Proust. Si les uns guident leur progression en se référant au programme qu'ils ont établi, les autres relisent les pages déjà écrites, introduisant des développements nouveaux et rééquilibrant l'ensemble par des déplacements ou des additions ultérieurs. Ainsi, quand Proust peint un personnage digne d'intérêt ou d'admiration, il n'est pas rare qu'à la relecture il lui ajoute des aspects négatifs, un côté ridicule ou déplaisant. L'opposition de ces deux faces peut produire des péripéties nouvelles et des situations imprévues.

La phase rédactionnelle

Lorsque l'auteur aborde la phase rédactionnelle, il textualise, c'est-à-dire rédige, met en phrases. C'est le moment des brouillons, caractérisés, comme ceux que chacun d'entre nous écrit, par des ratures, des corrections, des hésitations, des griffonnages qui accompagnent la réflexion. Pour certains auteurs, c'est un stade vite franchi, ils parviennent presque immédiatement à des formules qui les satisfont. D'autres biffent beaucoup. C'est le cas de Flaubert, qui suit son scénario mais réécrit chaque page jusqu'à la trouver acceptable, parfois dix ou quinze fois. Après une première rédaction souvent très raturée, Marcel Proust reprend son texte, fait de longues additions qui envahissent toutes les marges, finit par séparer l'épisode en plusieurs parties qu'il situera en des points de son roman parfois très éloignés les uns des autres. De réécriture en réécriture, il parvient au stade de la « mise au net », du manuscrit propre et suivi. Mais cela ne l'empêche pas de continuer à ajouter des phrases, des paragraphes, en collant par exemple des séries de feuilles mises bout à bout au bas des pages du manuscrit. Les « paperoles » ainsi formées ont parfois plus d'un mètre de long !

La phase éditoriale

Vient enfin la phase éditoriale, qui compte également un certain nombre de documents spécifiques inclus dans le dossier de genèse. À ce stade, un échange s'instaure entre l'auteur et l'éditeur qui va publier le livre ; les avant-textes ne sont plus dès lors autographes, hormis le manuscrit définitif – et encore ; assez souvent l'auteur remet à l'éditeur un manuscrit de la main d'un copiste professionnel ou une dactylographie[1]. Si l'éditeur accepte le manuscrit, il le confie à un imprimeur qui en fait des épreuves, sur lesquelles l'auteur devra rectifier les erreurs, les mots mal lus par les typographes qui ont composé le texte[2].

---

1. Tout a changé avec l'apparition de l'ordinateur. Il arrive que l'éditeur demande un texte déjà mis en forme et prêt à être photographié.
2. Nous considérons toujours ici la genèse des textes modernes, du XIXe siècle ou de la première moitié du XXe siècle. Composer un texte consiste alors à .../...

Mais les grandes marges blanches peuvent aussi tenter un écrivain qui remanie son texte sur épreuves et des « corrections d'auteur » s'ajoutent aux corrections typographiques. Si Flaubert ne change pas grand-chose à ses épreuves, Proust retravaille énormément les siennes, remplit les marges, découpe les placards et déplace certains épisodes, demande à son éditeur des jeux d'épreuves supplémentaires[3] qui intègrent ses modifications, afin de retrouver un texte clair (et de nouvelles marges à remplir...). Ce peut être une occasion de conflit entre l'auteur et l'éditeur, car les frais d'impression en sont augmentés. Après ces étapes de correction, l'auteur donne le « bon à tirer », c'est-à-dire son accord pour imprimer le livre tel qu'il est, sans nouvelle modification. C'est un acte décisif et qui, dans la plupart des cas, clôt la genèse[4].

Transcrire, classer, dater

Une fois le dossier de genèse constitué, pour pouvoir l'analyser on doit transcrire les avant-textes de chaque étape, les classer et les dater dans la mesure du possible. En transcrivant, en donnant un équivalent plus lisible du manuscrit, c'est aux opérations effectuées par le scripteur que l'on s'intéresse : substitutions, additions, déplacements, suppressions. On cherche à comprendre

---

.../... disposer les caractères typographiques avant l'impression. De nos jours, ce n'est plus l'imprimeur qui est chargé de « composer » le texte, mais un compositeur, qui le met en pages, fournit des épreuves à l'éditeur, puis transmet un fichier informatique à l'imprimeur.

3. Habituellement, on ne dépassait pas trois séries d'épreuves.

4. Cependant, le livre est parfois réédité après révision et modification, ce qui représente une étape supplémentaire de la genèse.

et à traduire le mouvement de l'écriture. Que signifie la rature qui dissimule une phrase ? Que le scripteur (celui qui écrit, l'auteur de l'œuvre dans ce cas) trouve la phrase mauvaise et la supprime définitivement ? qu'il va la réécrire immédiatement sous une forme qu'il juge plus satisfaisante ? qu'il y attache de l'importance et compte la placer ailleurs, dans un autre contexte où il la développera peut-être ? Telles sont les questions qui se posent quand on transcrit, la première de toutes étant : comment lire sans erreur les mots raturés, les additions minuscules griffonnées dans la marge, les abréviations que l'auteur était seul à comprendre ?

Pour classer les avant-textes et retrouver l'ordre dans lequel ils ont été écrits, et qui n'est presque jamais celui dans lequel ils nous parviennent, on compare les différents manuscrits. Si, par exemple, dans un manuscrit X on trouve une phrase raturée, alors que dans le manuscrit Y cette phrase ne figure pas du tout, Y est certainement postérieur à X. Même conclusion lorsque, dans X, l'auteur ajoute une phrase en marge et que cette phrase est intégrée au corps du texte dans le manuscrit Y. Lorsqu'il s'agit d'établir la chronologie des avant-textes, plusieurs éléments sont à prendre en compte : dans le manuscrit lui-même, une référence à un événement historique, une citation de discours politique, d'article de journal dont on connaît la date. Le témoignage des contemporains, les lettres de l'écrivain, quand elles sont datées, peuvent fournir des indications utiles. Par ailleurs, les méthodes scientifiques actuelles permettent d'analyser la composition chimique du papier et celle de l'encre. Une base de données[1] regroupe tous les filigranes utilisés au XIXe siècle[2] et indique où et quand les papiers correspondants étaient fabriqués, ce qui

1. Il s'agit de la base MUSE (Manuscrits : usages et supports de l'écriture), créée par un laboratoire du CNRS.

2. Jusqu'au XXe siècle, tous les papiers portaient un filigrane, comme de nos jours les billets de banque.

apporte des précisions supplémentaires. Transcription, classement et datation sont des opérations complémentaires dont on doit sans cesse comparer et croiser les résultats.

Pourquoi la critique génétique ?

Après cette mise au clair du dossier, il sera possible de le commenter, de formuler des hypothèses, dans des perspectives diverses : sociologique, littéraire, linguistique, psychanalytique. Mais le grand nombre des documents et l'importance matérielle des dossiers génétiques fait que, souvent, on ne publie pas, ou pas encore, le dossier génétique entier d'une œuvre de plusieurs centaines de pages. On étudie la genèse d'un épisode, d'un personnage, d'un poème. Pourquoi la longue recherche dont nous venons de parcourir les étapes mérite-t-elle d'être menée ? Notons d'abord que l'intérêt pour les dossiers génétiques complets est assez récent. Du côté des écrivains, Francis Ponge est le premier à avoir publié tous les états successifs d'un poème, jusqu'à en former un volume intégral[1]. Cette évolution va de pair avec l'intérêt porté, à notre époque, aux structures du langage et au fonctionnement du cerveau humain. Il ne s'agit pas, comme au début du siècle, de donner les règles du bien écrire en prenant modèle sur les grands écrivains[2], mais de comprendre comment ils ont écrit et, dans une certaine mesure, comment

1. Voir par exemple *La Fabrique du pré* (Skira, 1971), *Le Savon* (Gallimard, 1967).
2. En 1907, A. Albalat a publié un livre intitulé *Le Travail du style enseigné par les corrections manuscrites des grands écrivains*.

chacun de nous écrit. Évidemment, on souhaite surtout approcher l'écriture créative, celle qui a une valeur esthétique. Nous connaissons par les biographes les attitudes étonnantes des écrivains au travail : Flaubert, exalté, passant ses pages au « gueuloir » pour les juger[1], Proust écrivant des nuits entières entre deux crises d'asthme. Mais ce n'est que par les avant-textes qu'on a vraiment accès à l'atelier de l'écrivain, à ses difficultés, à l'émergence soudaine ou progressive de son originalité, parfois à ses coups de génie.

1. Il avait besoin d'entendre ce qu'il avait écrit pour se rendre compte de l'effet produit et lisait à pleine voix (d'où le « gueuloir »), le plus souvent pour lui, parfois pour des amis.

Brouillons d'écrivains,
du manuscrit à l'œuvre

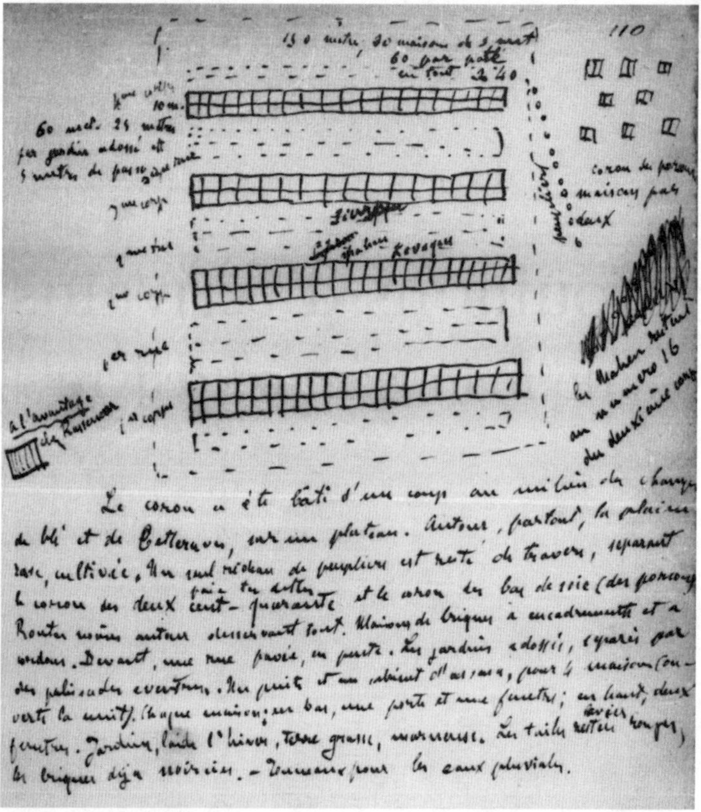

■ Croquis de Zola pour *Germinal* qui montre et commente la disposition des bâtiments dans un coron (N a fr 10308).

Les différentes étapes de la genèse

La phase pré-rédactionnelle

À ce stade, l'auteur définit un projet initial, se documente si nécessaire, accumule des matériaux. Cette phase peut laisser les traces les plus variées, en nombre et en extension : notes très brèves ou développées, résumés de livres ou d'articles, croquis pour la collecte documentaire, ébauches, plans, lettres pour le projet lui-même. Ce travail préparatoire engage déjà l'idée que chaque écrivain se fait de son œuvre et de son écriture.
Chez Zola, on note le souci du réalisme vivant et de la construction démonstrative. Perec, lui, affiche son goût du mystère et des contraintes qui stimulent l'invention.
Les extraits des romans achevés montrent l'intégration des matériaux préparés dans la phase pré-rédactionnelle.

■ Émile Zola : écrire par larges chapitres

Émile Zola (1840-1902) est le porte-enseigne d'un mouvement littéraire, le naturalisme, qu'il définit comme une « méthode analytique et expérimentale » et qu'il relie explicitement aux principes de la médecine expérimentale établis en 1865 par le physiologiste Claude Bernard. Le romancier naturaliste sera « un observateur et un expérimentateur » : il définira ses personnages en fonction de leur hérédité, de leur tempérament, de leur milieu social, et observera les conséquences de ces données initiales, de cet ensemble de déterminations sur leur existence (c'est-à-dire qu'il en déduira l'évolution la plus probable).

La grande œuvre de Zola, un ensemble de vingt romans intitulé *Les Rougon-Macquart*, est sous-titrée « histoire naturelle et sociale d'une famille sous le second Empire ». Chacun des romans qui la composent étudie un groupe social différent : les ouvriers dans *L'Assommoir* ou dans *Germinal*, les artistes dans *L'Œuvre*, le monde politique dans *Son Excellence Eugène Rougon*. Dans cette « histoire sociale », Zola choisit de décrire des phénomènes récents, encore brûlants : les grèves de mineurs, l'essor des grands magasins, le développement du capitalisme, les transformations de l'urbanisme parisien. Par ailleurs, chaque personnage dépend d'instincts hérités de sa famille, de pulsions parfois effrayantes (c'est le côté « histoire naturelle »). Ainsi Étienne Lantier, le héros de *Germinal*, a « quelque chose de détraqué dans le regard, un vacillement par moments qui pâlit l'œil noir ; et alors une légère crispation nerveuse passant sur le visage. – C'est <influence de la mère : douceur, courage au travail, timidité[1]> la marque de la lésion nerveuse qui augmentera plus tard, qui tournera son hérédité d'ivrogne en folie homicide ». Comme les sciences médicales, le roman n'oubliera pas les tares, les maladies, la dégénérescence. Il n'idéalisera ni la société ni les individus.

Cette relation forte au réel fait que Zola, lorsqu'il évoque la genèse de ses romans, met presque toujours en avant la phase pré-rédactionnelle : c'est là qu'il situe l'originalité de sa méthode. Il conserve ses dossiers préparatoires, les mentionne, les montre à l'occasion. Ils sont organisés en sections portant des titres de la main de l'auteur. Dans l'« Ébauche » de chaque roman, il donne l'idée générale, indique les forces en présence, les nœuds de l'action. Dans la section « Personnages » figure une fiche précise pour chaque protagoniste. Ainsi en est-il du petit Henri Maheu, qui n'a pourtant

1. Cette addition, placée entre soufflets (voir dossier, p. 132), indique les caractères hérités de la mère, qui ne suffiront pas à contrebalancer l'hérédité paternelle. (Transcription de C. Becker et V. Lavielle dans *La Fabrique des Rougon-Macquart : édition des dossiers préparatoires*, Champion, 2003.)

guère de rôle dans *Germinal* : « Henri – 4 ans – Un blondin – <grosse figure> – Tempérament très calme. Reçoit les coups de pied sans les rendre. Seulement très glouton, a toujours faim, engloutit tout, et vole dans le buffet. » Les fiches des personnages principaux, beaucoup plus développées, traitent tous les aspects de leur personnalité. Les « plans » sont les résumés de chaque chapitre. Zola en rédige une première série, les relit, y ajoute des éléments, puis rédige une deuxième série de résumés plus détaillés, les « seconds plans ». Chaque dossier inclut aussi la documentation préalable, qui provient de trois sources : notes prises en lisant, sur le terrain ou au cours de conversations. Zola dessine le plan des lieux où il situera son roman (voir p. 16). On trouve aussi dans les dossiers des coupures de journaux, rarement des photographies.

Le dossier constitué, Zola considère que l'essentiel est fait. Décrivant la méthode d'un romancier naturaliste, il indique : « Et une fois les documents complétés, son roman, comme je l'ai dit, s'établira de lui-même. Le romancier n'aura qu'à distribuer logiquement les faits. De tout ce qu'il aura entendu se dégagera le bout du drame, l'histoire dont il a besoin pour dresser la carcasse de ses chapitres [1]. » Comment lui-même passe-t-il des « carcasses de ses chapitres » au manuscrit complet ? Sur ce point, nous sommes moins bien renseignés. Les dossiers ne comportent que de rares pages de brouillon. Il semble que Zola écrivait rapidement : il publiait un roman par an ; il a longtemps gagné sa vie en collaborant à différents journaux (son article le plus célèbre étant l'éclatant « J'accuse ! » publié en 1898 dans *L'Aurore*, pour défendre l'innocence de Dreyfus) et voyait dans l'écriture journalistique un bon exercice pour l'écrivain : « Je vais même jusqu'à affirmer que le style gagne à la besogne quotidienne, forcée et rapide, du journal. [...] Les articles au jour le jour, écrits sur un coin de table, gâtent la main [2], dit-on ; et je suis d'avis, au contraire, que rien ne saurait l'exercer davantage. Elle s'assouplit, n'a plus peur des mots, devient maîtresse de la

1. « Le sens du réel », *Le Roman expérimental* (1880).
2. ***Gâtent la main*** : gâchent les possibilités de l'écrivain.

langue. » En réponse à une enquête, il évoque ainsi sa façon d'écrire : « Je ne prépare pas la phrase toute faite ; je me jette en elle comme on se jette à l'eau ; je ne crains pas la phrase : en face d'elle je suis brave ; je fonds sur l'ennemi [...]. » Mais en réalité son territoire favori n'est pas la page, c'est le chapitre, qu'il compare aux pierres d'un édifice : « Tout le monde réussit en ce moment l'analyse de détail ; il faut réagir par la construction solide des masses, des chapitres : par la logique, la poussée de ces chapitres, se succédant comme des blocs superposés, se mordant l'un l'autre ; par le souffle de passion animant le tout, courant d'un bout à l'autre de l'œuvre. » Pour Zola, l'écriture est avant tout une construction.

L'« Ébauche » de *Germinal* montre bien comment Zola s'implique dans ses choix. Il définit les questions qu'il devra résoudre en fonction de l'objectif à atteindre, considère les différentes réponses possibles, et, pour décider, ne néglige ni la valeur documentaire ni la valeur esthétique des solutions envisagées. Dans la version publiée du texte apparaissent un grand nombre des données collectées sur le terrain, inscrites dans les « Carnets d'enquêtes » et organisées en fonction de la visée démonstrative définie dans l'« Ébauche ». L'interaction des deux types d'avant-textes se fait sans difficulté (voir aussi l'extrait de *Germinal* présenté dans le dossier, p. 136-137).

Germinal, Ébauche et Carnets d'enquêtes

Ébauche,
extrait

Le roman est le soulèvement des salariés, le coup d'épaule donné à la société, qui craque un instant : en un mot la lutte du capital et du travail. C'est là qu'est l'importance du livre, je le veux prédisant l'avenir, posant la question qui sera la question la plus importante du XXe siècle.

Donc, pour établir cette lutte, qui est mon nœud, il faut que je montre d'une part le travail, les houilleurs dans la mine et de l'autre le capital, la direction, le patron, enfin ce qui est à la tête. Mais deux cas se présentent : prendrai-je un patron qui personnifie en lui-même le capital, ce qui rendrait la lutte plus directe et peut-être plus dramatique ? ou prendrai-je une société anonyme, des actionnaires, enfin le monde de la grande industrie, la mine dirigée par un directeur appointé, avec tout un personnel, et ayant derrière lui l'actionnaire oisif[1], le vrai capital ? Cela serait certainement plus actuel, plus large et poserait le débat comme il se présente toujours dans la grande industrie[2]. Je crois qu'il vaudra mieux prendre ce dernier cas.

Alors, j'aurais d'une part les ouvriers et de l'autre la direction, puis derrière les actionnaires, avec des conseils d'administration, etc. (tout un mécanisme à étudier). Mais, après avoir posé ce mécanisme discrètement, je pense que je laisserai de côté les actionnaires, les comités, etc., pour en faire une sorte de tabernacle[3] reculé, de dieu vivant et mangeant les ouvriers dans l'ombre : l'effet à tirer sera plus grand, et je n'aurai pas à compliquer mon livre par des détails d'administration peu intéressants. Il suffit de montrer la décision prise qui amène la grève, et d'indiquer les décisions suivantes, qui pourront être nécessaires. Le conseil a décidé que..., le conseil exige que... ; et c'est comme un oracle qui parle, une force inconnue et terrible qui plane et écrase toute ma population de houilleurs.

La lutte visible reste par conséquent entre les houilleurs et le directeur, avec son personnel. Là, il faut que j'entre dans quelque détail. Je montrerai le Directeur chez lui, dans sa maison, dans son

---

1. C'est le cas des Grégoire, de qui la Maheude espère du secours (voir dossier, p. 136-137).

2. Les arguments donnés par Zola engagent toute sa conception de la littérature.

3. ***Tabernacle*** : dans une église, petite armoire placée sur l'autel et contenant les hosties.

jardin, j'opposerai son intérieur, sa vie, ses plaisirs, son confort à mes ouvriers, à un intérieur, une misère d'ouvrier. D'autre part, il faut que je lui donne une famille ; il est marié, lui cinquante ans, la femme quarante-cinq, deux filles l'une de vingt ans et l'autre de seize. Intérieur à peindre (après notes prises). Un mariage doit être réglé pour la fille, ou autre chose : un drame peut-être, une fille séduite, etc., de façon à dramatiser ce côté de l'action et à obtenir un dénouement à la fin.

« Ébauche de Germinal », dans Émile Zola,
Germinal, éd. C. Becker,

Carnets d'enquêtes,
extrait

Plats de mineurs

La soupe aux herbes. Oseille, poireau, pomme de terre. Un peu de beurre.

Soupe grasse au pain.

Ragoût de mouton.

Ragoût de pommes de terre, d'oignons frits et d'oseille (ratatouille). Le plat le plus fréquent. Pas de viande.

Salade. La laitue, la mâche. Les pissenlits surtout, que les enfants vont cueillir. Les petites filles en revendent aux bourgeois. Pas de mendiantes.

Le pot-au-feu, deux fois par semaine.

Poisson, tanche, perche, péché par le mineur dans le canal.

Charcuterie, tête pressée [1].

Le café est acheté en grains, moulu, et on met moitié café et moitié chicorée. Le café est faible, on fait souvent repasser de l'eau sur le marc.

1. ***Tête pressée*** : pâté ou fromage de tête.

Peu ont de la bière dans la cave. On envoie chercher pour le père, à 4 heures, une pinte (un demi-litre). Le reste de la famille boit de l'eau. Après le repas de 7 heures, de l'eau repassée sur le marc du matin.

Ils s'éclairent avec de l'huile, ou plutôt des lampes à pétrole. Le soir, pour monter, des chandelles.

On dépense peu pour les enfants, tant qu'ils ne travaillent pas. Tout est réservé pour le père. Celui-ci est pourtant bon père. Quand il trouve de la viande à 3 heures, et qu'il voit les enfants le regarder, il demande : « Les enfants en ont eu ? » On lui ment, ou il gronde. Une scène[1] (les enfants en ont eu à midi).

L'arme véritable du mineur est le caillou. Jamais avec ses outils. Dans le temps, les gamins des mineurs allaient se battre dans les fossés de Valenciennes à coups de pierre contre les gamins de la ville. Blessés. Si l'on faisait un prisonnier, on le jetait à l'eau. La menace du mineur à un camarade qui l'irrite « Je te fous une brique au ventre. » Le tas de briques, de Thiers, me servira.

Les mineurs, autrefois, après les petites réunions dans une salle de bal, allaient s'entendre[2] dans la forêt de Raismes.

Les mineurs font beaucoup de dettes. Ils paient encore en 84 les dettes de la grève de 78. Promettent un franc par semaine et ne le donnent pas. On ne les mène pourtant en justice que si on les voit de mauvaise foi. Ne trouvent pas d'ailleurs du crédit facilement, parce qu'on les sait de mauvaise paie, surtout en temps de grève. Le boulanger fournit bien la première quinzaine[3], mais refuse la seconde. Ceux qui cuisent[4], la moitié environ, ont toujours à acheter la farine. Ils font du crédit chez le boulanger

---

1. Dès ses « Carnets d'enquêtes », Zola prévoit une utilisation précise de ses notes dans le roman.

2. ***S'entendre*** : euphémisme pour « se battre ».

3. Le boulanger refuse de faire crédit plus de quinze jours.

4. C'est-à-dire ceux qui cuisent eux-mêmes leur pain.

surtout, et chez l'épicier. Le boucher refuse. Ils ont les légumes avec leurs jardins.

On les appelle les charbonniers.

Estaminet[1] du Bon Joyeux.

Estaminet de Piquette.

Estaminet Lenfant.

Sur la route débit Casimir, Estaminet du Progrès.

Au Volcan ; Au Petit Jenlain ; Le Bal du Progrès ; Estaminet Tison ; Estaminet Saint-Éloi ; Estaminet des Trois Artistes (?).

Six enfants, deux par lit, les filles avec les filles, les garçons avec les garçons. Ils grandissent côte à côte, chose acceptée, naturelle. Pas même de rideaux. Se déshabillent. La sœur plus agaçante que le frère, le garçon froid, timide. Pas d'inceste pourtant. Sentiment de famille assez développé. Mais savent tout.

Émile Zola, *Carnets d'enquêtes*, éd. H. Mitterand,
© Pocket, coll. « Terre humaine », 1991.

Extrait du roman publié

Lorsque Maheu rentra, après avoir laissé Étienne chez Rasseneur[2], il trouva Catherine, Zacharie et Jeanlin[3] attablés, qui achevaient leur soupe. Au retour de la fosse[4], on avait si faim, qu'on mangeait dans ses vêtements humides, avant même de se débarbouiller ; et personne ne s'attendait, la table restait mise du matin au soir, toujours il y en avait un là, avalant sa portion, au hasard des exigences du travail.

Dès la porte, Maheu aperçut les provisions. Il ne dit rien, mais son visage inquiet s'éclaira. Toute la matinée, le vide du buffet, la

---

1. ***Estaminet*** : petit café. Le mot est surtout employé dans le nord de la France.

2. Étienne, le futur meneur de la grève, a été embauché à la mine le matin même. Maheu l'a aidé à trouver un logement chez un cabaretier, Rasseneur.

3. Ce sont les trois enfants Maheu qui travaillent à la mine : Zacharie a vingt et un ans, Catherine quinze, Jeanlin onze.

4. ***Fosse*** : puits d'une exploitation minière.

maison sans café et sans beurre l'avait tracassé, lui était revenue en élancements douloureux, pendant qu'il tapait à la veine[1], suffoqué au fond de la taille[2]. Comment la femme aurait-elle fait ? Et qu'allait-on devenir, si elle était rentrée les mains vides ? Puis, voilà qu'il y avait de tout. Elle lui conterait ça plus tard. Il riait d'aise.

Déjà Catherine et Jeanlin s'étaient levés, prenant leur café debout ; tandis que Zacharie, mal rempli par sa soupe, se coupait une large tartine de pain, qu'il couvrait de beurre. Il voyait bien le fromage de cochon sur une assiette ; mais il n'y touchait pas, la viande était pour le père, quand il n'y en avait que pour un. Tous venaient de faire descendre leur soupe d'une grande lampée d'eau fraîche, la bonne boisson claire des fins de quinzaine.

« Je n'ai pas de bière, dit la Maheude[3], lorsque le père se fut attablé à son tour. J'ai voulu garder un peu d'argent… Mais, si tu en désires, la petite peut courir en prendre une pinte. »

Il la regardait, épanoui. Comment ? elle avait aussi de l'argent !

« Non, non, dit-il. J'ai bu une chope, ça va bien. »

Et Maheu se mit à engloutir, par lentes cuillerées, la pâtée de pain, de pommes de terre, de poireaux et d'oseille, enfaîtée[4] dans la jatte qui lui servait d'assiette. La Maheude, sans lâcher Estelle[5], aidait Alzire à ce qu'il ne manquât de rien, poussait près de lui le beurre et la charcuterie, remettait au feu son café pour qu'il fût bien chaud.

Cependant, à côté du feu, le lavage commençait, dans une moitié de tonneau, transformée en baquet. Catherine, qui passait

1. ***Veine*** : filon de houille.
2. ***Taille*** : galerie où l'on extrait la houille.
3. Féminin formé à partir du nom de son mari : de la même façon, on appelle « la Pierronne » la femme du mineur Pierron.
4. Un enfaîteau est une tuile creuse, posée au sommet du toit. La métaphore porte sans doute sur la forme du récipient.
5. Les quatre plus jeunes enfants des Maheu sont Alzire neuf ans (infirme qui ne peut travailler à la mine), Lénore (six ans), Henri (quatre ans) et Estelle (trois mois).

la première, l'avait empli d'eau tiède ; et elle se déshabillait tranquillement, ôtait son béguin[1], sa veste, sa culotte, jusqu'à sa chemise, habituée à cela dès l'âge de huit ans, ayant grandi sans y voir du mal. Elle se tourna seulement, le ventre au feu, puis se frotta vigoureusement avec du savon noir. Personne ne la regardait, Lénore et Henri eux-mêmes n'avaient plus la curiosité de voir comment elle était faite. Quand elle fut propre, elle monta toute nue l'escalier, laissant sa chemise et ses autres vêtements, en tas, sur le carreau. Mais une querelle éclatait entre les deux frères : Jeanlin s'était hâté de sauter dans le baquet, sous prétexte que Zacharie mangeait encore ; et celui-ci le bousculait, réclamait son tour, criait que s'il était assez gentil pour permettre à Catherine de se tremper d'abord, il ne voulait pas avoir la rinçure des galopins, d'autant plus que, lorsque celui-ci avait passé dans l'eau, on pouvait en remplir les encriers de l'école. Ils finirent par se laver ensemble, tournés également vers le feu, et ils s'entraidèrent même, ils se frottèrent le dos. Puis, comme leur sœur, ils disparurent dans l'escalier, tout nus.

« En font-ils un gâchis ! » murmurait la Maheude, en ramassant par terre les vêtements pour les mettre sécher.

Germinal, deuxième partie,
chapitre IV.

■ Georges Perec : contre l'écriture carapace

À première vue, Georges Perec (1936-1982) pratique l'écriture comme un jeu et avec une extrême facilité : il est capable d'écrire un roman entier, *La Disparition*, sans utiliser la lettre *e*, écrit des poèmes à partir d'un groupe de onze lettres seulement[2], fait alterner dans le

1. ***Béguin*** : bonnet qui s'attache sous le menton.
2. Voici le début de l'un des poèmes d'*Alphabets* (1976) : « Opalines rutilantes / pourpres au lointain / les pourtours platinés. »

même roman, *W ou le Souvenir d'enfance*, deux récits entièrement différents mais tendant à se rejoindre à la fin[1]. Il fait partie de l'Oulipo[2], groupe d'écrivains qui veulent faire surgir la poésie de contraintes formelles. En cela, ils s'inscrivent dans une tradition : l'usage de l'alexandrin ou des formes fixes, comme celle du sonnet, est une contrainte. Mais ils créent des règles et des structures nouvelles, plus ludiques et qui se veulent proches des mathématiques : permutation[3], substitution, lipogramme[4], hétérogramme[5].

Pour Perec, cet effort de rigueur et d'invention prend un sens particulier. Ce qu'il a à dire profondément n'est pas compatible avec une écriture trop calculée, trop habile : « L'écriture me protège. J'avance sous le rempart de mes mots, de mes phrases, de mes paragraphes habilement enchaînés. Je ne manque pas d'ingéniosité. Ai-je encore besoin d'être protégé ? Et si le bouclier devient un carcan ? Il faudra bien un jour que je commence à me servir des mots pour démasquer le réel, pour démasquer ma réalité. »

Toute l'œuvre de Georges Perec s'organise autour de la mémoire, mémoire individuelle et mémoire collective ; la réalité qu'il doit démasquer est d'abord la mort de ses parents, ou plutôt la trace qu'elle a laissée en lui. Ils étaient polonais, immigrés en France, et juifs. À la déclaration de guerre, son père s'engagea dans la légion étrangère ; il fut tué au combat en juin 1940. Sa mère, déportée en 1943, mourut dans un camp de concentration. En l'envoyant par

1. L'un des récits décrit un univers entièrement réglé par le sport et dirigé par un pouvoir de plus en plus autoritaire ; l'autre est une reconstitution des souvenirs d'enfance de l'auteur. On comprend à la fin que le premier récit évoque en réalité un camp de concentration.
2. ***Oulipo*** : « Ouvroir de littérature potentielle », groupe fondé en 1961 par Raymond Queneau et François Le Lionnais.
3. Parmi les permutations se trouvent les « perverbes », qui marient « la première moitié d'un proverbe à la deuxième moitié d'un autre » (J. Roubaud).
4. ***Lipogramme*** : texte où l'auteur s'interdit d'utiliser une lettre ou un groupe de lettres.
5. « Un hétérogramme est un énoncé qui ne répète aucune de ses lettres » (J. Roubaud).

un convoi de la Croix-Rouge rejoindre, à Villard-de-Lans – en zone libre –, sa belle-sœur, Esther Bienenfeld, son mari et leur fille Ela, qui y étaient réfugiés, elle avait pu sauver son fils de six ans.

« L'écriture est le souvenir de leur mort et l'affirmation de ma vie », écrira Perec à propos de ses parents.

Mais ce ne peut être une écriture facile : « Ce n'est pas donné immédiatement. Ce n'est surtout pas l'événement tragique annoncé par les violons ! Ça doit rester toujours enfoui ! Cette autobiographie de l'enfance s'est faite à partir de descriptions de photos, de photographies qui servent de relais, de moyens d'approche d'une réalité dont j'affirmais que je n'avais pas le souvenir. En fait elle s'est faite à travers une exploration minutieuse, presque obsédante à force de précisions, de détails. »

Une telle exploration reste la caractéristique de toutes les œuvres de Perec ; il cherche de quoi est faite la vie quotidienne [1] et comment fonctionne la mémoire. C'est ainsi qu'il analyse, dans *La Vie mode d'emploi*, à la fois le tissu de notre vie (« Ce qu'il s'agit d'interroger, c'est la brique, le béton, le verre, nos manières de table, nos ustensiles, nos outils, nos emplois du temps, nos rythmes. Interroger ce qui semble avoir cessé à jamais de nous étonner ») et les espaces que nous habitons. Les listes que Perec multiplie, les jeux de langage, l'écriture sous contrainte ont finalement pour fonction de mobiliser l'attention consciente de l'écrivain, laissant ainsi s'exprimer les zones profondes où reposent les souvenirs douloureux. « Il fallait d'abord que s'effrite cette écriture carapace derrière laquelle je masquais mon désir d'écriture, que s'érode la muraille des souvenirs tout faits, que tombent en poussière mes refuges ratiocinants [2] », écrit-il, évoquant son expérience de la psychanalyse. C'est ainsi qu'il retrouve accès « à son histoire et à sa voix ».

Pour écrire *La Vie mode d'emploi*, Perec s'est imposé un système de contraintes particulièrement élaboré et a constitué un important

1. Son premier roman publié, *Les Choses* (1965), décrit tous les objets à la mode, qui tentent un jeune couple absorbé par la société de consommation.
2. Ratiociner signifie « raisonner à perte de vue sans parvenir à une solution ».

dossier préparatoire. Le roman a pour cadre un immeuble ; il s'agit d'explorer chaque pièce, de la décrire ainsi que les personnages qui l'occupent, et de faire la biographie plus ou moins détaillée de ses occupants présents et passés. Perec dessine un carré de dix cases sur dix, qui symbolise l'immeuble en coupe verticale, façade enlevée : chaque ligne représente un étage (en partant du bas : le sous-sol, le rez-de-chaussée, six étages plus deux autres de chambres sous les toits), et chaque étage comprend dix pièces. Chaque case représente donc une pièce ou une partie commune (il y en a cent) et chaque pièce donne lieu à un chapitre (en fait il n'y aura que quatre-vingt-dix-neuf chapitres). L'auteur a réglé l'ordre dans lequel les pièces des différents appartements seront décrites en décidant de passer d'une case à l'autre comme le cavalier se déplace sur un échiquier. Par ailleurs, il a constitué quarante-deux listes de dix éléments parmi lesquelles on peut citer : « animaux », « couleurs », « murs » (« peinture mate, tissu de jute ou autre, boiseries, liège, panneaux métal, papier uni ou géométrique, peinture brillante, toile de Jouy, papier à motifs, cuir ou vinyle »), « lectures » (« quotidien, roman/essai, hebdo, lettre, troisième secteur[1], revue, policier/SF, rapport technique ou livre de classe, livre d'art, porno »), « sentiments » (« indifférence, joie, douleur, ennui, colère, angoisse, étonnement, haine, amour, ambition »), « âge et sexe » des personnages et même « longueur » des chapitres à écrire (de une page à douze pages et plus). Il utilise ensuite un algorithme pour répartir les différents éléments des listes dans chaque chapitre et constitue ainsi un « cahier des charges » chapitre par chapitre. Il se laisse cependant une marge de liberté dans la mise en œuvre de chaque élément : « Marteau, ça peut être poisson-marteau, un marteau pour taper, un type qui est complètement marteau ou une scie des années soixante, *Si j'avais un marteau.* » On verra que le cahier des charges du chapitre X a été parfaitement respecté.

1. On y trouve les dictionnaires, les faire-part, les recettes, les agendas, etc.

La Vie mode d'emploi, cahier des charges

Cahier des charges du chapitre 10

42/42[1]

1. 4[2] Chambre sous les toits fille au pair du cadre arrivé **Ch. 10**

Debout
Manger
Sterne[3] Tome IV p. 251
Roubaud[4] + Graal Hoppi[5] Utherpandragon[6]
1 personne
domestique
mode d'emploi
recevoir une lettre Jane Sutton
liège
parquets à mosaïque
17e[7]
extrême Orient
Napoléon III
Lit
~ 2 pages[8]
Militaires
Adolescente
Oiseau
Imperméable
Patchwork
Cashmere
Gris
Cravate foulard

---

1. Perec note qu'il a rempli les quarante-deux contraintes fixées.
2. « 1.4 » indique la position de la case dans la grille représentant l'immeuble. C'est la quatrième case de la ligne 1 (celle de l'étage le plus élevé).
3. Sterne est un romancier anglais du XVIIIe siècle.
4. J. Roubaud, né en 1932, est un mathématicien, poète, membre de l'Oulipo et ami de Perec. Il est l'auteur de travaux sur les romans du Graal.
5. Princesse Hoppy est un personnage d'un conte de J. Roubaud, *La Princesse Hoppy ou le Conte du Labrador*, parodie de roman de chevalerie, publiée dans *La Bibliothèque oulipienne*.
6. Personnage de *La Princesse Hoppy*, de J. Roubaud, mais aussi nom du père du roi Arthur dans les romans du Graal.
7. « 17e » est mis pour XVIIe siècle.
8. C'est la longueur que doit avoir le chapitre.

bague
Mque [Quotidien M[1]
Jazz
~~La Leçon d'Anatomie~~[2] La tempête[3]
Le Graal[4]]
faux [Coca etc…
Pain
radio, hifi…
Solitaire F[5] jeu de cartes]
Joie
Photos
Carré
Cube
Jardin japonais
pierres semi-précieuses Princesse Beryl[6]
Manque in 7
Faux in 8[7]

Philémon[8] Vieillard amoureux
Brouillard

Cahier des charges de La Vie mode d'emploi,
éd. H. Hartje, B. Magné, J. Neefs, © Zulma-CNRS, 1993.

---

1. Ce M marque l'élément qui doit manquer. Ce manque est signalé, plus bas (voir ci-dessous, note 7) ; il est ainsi programmé au même titre que les autres éléments de la liste.
2. *La Leçon d'anatomie* est un tableau de Rembrandt (1606-1669).
3. *La Tempête* est un tableau du peintre vénitien Giorgione (1477-1510).
4. La quête du Graal – le Graal est la coupe très précieuse qui servit au Christ lors de la Cène et qui recueillit le sang de sa blessure au flanc lors de la crucifixion – est le sujet d'un cycle important de romans médiévaux. Plusieurs chevaliers de la cour du roi Arthur, dont Perceval, tentent de le retrouver en affrontant les pires dangers, en vain. Seul Galaad y parvient.
5. Ce F indique l'élément faux : le « solitaire » se trouve en effet remplacé dans le texte par un « jeu de cartes ».
6. Personnage de *La Princesse Hoppy*.
7. Le manque programmé doit se trouver dans le groupe 7, c'est-à-dire entre le vingt-cinquième et le vingt-huitième élément de la liste, car Perec divise chaque liste en groupes de quatre éléments. De même, l'élément faux doit se trouver dans le groupe 8, c'est-à-dire entre le vingt-neuvième et le trentre-deuxième élément de la liste.
8. Personnage de la mythologie grecque, amoureux jusqu'à la vieillesse de sa femme Baucis. Tous deux ont accueilli un soir Zeus et Hermès déguisés en voyageurs. En récompense, à leur mort, les dieux les transforment en arbres afin qu'ils ne soient pas séparés. *La Vie mode d'emploi* contient dix allusions à leur histoire.

Extrait du roman publié

Chapitre X
Chambres de bonne, 4

Au dernier étage, sous les toits, une toute petite chambre, occupée par une jeune Anglaise de seize ans, Jane Sutton, qui travaille comme fille au pair chez les Rorschash [1].

La jeune fille est debout près de la fenêtre. Le visage illuminé de joie, elle lit – ou peut-être même relit pour la vingtième fois – une lettre, tout en grignotant un quignon de pain. Une cage est accrochée à la fenêtre ; elle contient un oiseau au plumage gris dont la patte gauche est cerclée d'une bague de métal.

Le lit est très étroit : c'est en fait un matelas de mousse posé sur trois cubes de bois faisant office de tiroirs, recouvert d'un édredon en patchwork. Fixée au mur au-dessus du lit, une plaque de liège, d'environ soixante centimètres sur un mètre, sur laquelle sont épinglés plusieurs papiers – le mode d'emploi d'un grille-pain électrique, un ticket de laverie, un calendrier, les horaires des cours à l'Alliance française et trois photos montrant la jeune fille – de deux ou trois ans plus jeune – dans des pièces de théâtre données par son école en Angleterre, à Greenhill, tout près de Harrow, où, quelque soixante-cinq ans auparavant, Bartlebooth [2], à la suite de Byron, de sir Robert Peel, de Sheridan, de Spencer, de John Perceval, de lord Palmerston [3] et d'une foule d'hommes tout aussi éminents, était allé au collège.

---

1. Rorschash est le « cadre arrivé » du cahier des charges.

2. Un des personnages principaux de *La Vie mode d'emploi*.

3. Byron (1788-1824) est un poète, sir Robert Peel (1788-1850) un homme politique, Sheridan (1751-1816) un auteur dramatique, Spencer (1820-1903) un philosophe, lord Palmerston (1784-1865) un homme politique, .../...

Sur la première photographie, Jane Sutton apparaît en page, debout, avec une culotte de brocart rouge à parements d'or, bas rouge clair, une chemise blanche, et un pourpoint court, sans col, de couleur rouge, à manches légèrement bouffantes, à rebords de soie jaune effrangée[1].

Sur la seconde, elle est la princesse Béryl, agenouillée au chevet de son grand-père, le roi Utherpandragon[2] (« Quand[3] le roi Utherpandragon se trouva atteint du mal de la mort il fit venir auprès de lui la princesse[4]... »).

La troisième photo montre quatorze jeunes filles alignées. Jane est la quatrième en partant de la gauche (une croix au-dessus de sa tête la désigne, sinon il serait difficile de la reconnaître). C'est la scène finale du *Comte de Gleichen*, de Yorick[5] :

Le comte de Gleichen fut fait prisonnier dans un combat contre les Sarrasins[6], et condamné à l'esclavage. Comme il fut employé aux travaux des jardins du sérail, la fille du sultan le remarqua. Elle jugea qu'il était homme de qualité, conçut de l'amour pour lui, et lui offrit de favoriser son évasion s'il voulait l'épouser. Il lui fit répondre qu'il était marié ; ce qui ne donna pas le moindre scrupule à la princesse accoutumée au rite de la pluralité des femmes. Ils furent bientôt d'accord, cinglèrent, et abordèrent à Venise. Le comte alla à Rome et raconta à Grégoire IX[7] chaque particularité de son histoire. Le pape, sur la promesse qu'il lui fit de convertir la Sarrasine, lui donna des dispenses pour garder ses deux femmes.

.../... comme Spencer (et non John) Perceval (1762-1812), dont le nom rappelle aussi les romans du Graal.

1. Cette tenue est exactement celle d'un personnage figurant dans *La Tempête*, tableau de Giorgione mentionné dans le cahier des charges.

2. Personnage de *La Princesse Hoppy*.

3. Citation de *La Princesse Hoppy*.

4. Personnage de *La Princesse Hoppy*, mentionné dans le cahier des charges.

5. Pseudonyme de Sterne (voir le cahier des charges).

6. ***Sarrasins*** : au Moyen Âge, synonyme de populations musulmanes.

7. Grégoire IX fut pape de 1227 à 1241, à l'époque de la sixième croisade.

La première fut si transportée de joie à l'arrivée de son mari, sous quelque condition qu'il lui fût rendu, qu'elle acquiesça à tout, et témoigna à sa bienfaitrice l'excès de sa reconnaissance. L'histoire nous apprend que la Sarrasine n'eut point d'enfants, et qu'elle aima d'amour maternel ceux de sa rivale. Quel dommage qu'elle ne donnât pas le jour a un être qui lui ressemblât !

On montre à Gleichen le lit où ces trois rares individus dormaient ensemble. Ils furent enterrés dans le même tombeau chez les Bénédictins de Petersbourg ; et le comte, qui survécut à ses deux femmes, ordonna qu'on mît sur le sépulcre, qui fut ensuite le sien, cette épitaphe qu'il avait composée :

« Ci-gisent deux femmes rivales, qui s'aimèrent comme des sœurs, et qui m'aimèrent également. L'une abandonna Mahomet pour suivre son époux, et l'autre courut se jeter dans les bras de la rivale qui le lui rendait. Unis par les liens de l'amour et du mariage, nous n'avions qu'un lit nuptial pendant notre vie ; et la même pierre nous couvre après notre mort. » Un chêne et deux tilleuls [1] furent, comme il se doit, plantés près de la tombe.

Le seul autre meuble de la chambre est une mince table basse occupant le maigre espace disponible entre le lit et la fenêtre et sur laquelle sont posés un électrophone – un de ces tout petits appareils appelés mange-disques –, une bouteille de Pepsi-Cola au quart pleine, un jeu de cartes et un cactus en pot agrémenté de quelques graviers multicolores, d'un petit pont de matière plastique et d'une minuscule ombrelle.

Quelques disques sont empilés sous la table basse. L'un d'eux, sorti de sa pochette, est posé presque verticalement contre le bord du lit : c'est un disque de jazz – *Gerry Mulligan* [2] *Far East Tour* – et la pochette représente les temples d'Angkor Vat [3] noyés dans un brouillard matinal.

---

1. Allusion à l'histoire de Philémon et Baucis (voir le cahier des charges) : Philémon avait été changé en chêne et Baucis en tilleul.

2. Gerry Mulligan (1927-1996) était saxophoniste et compositeur de jazz.

3. ***Les temples d'Angkor Vat*** : magnifique ensemble de temples khmers construits au XIIe siècle et situés au Cambodge.

Accrochés à un porte-manteau fixé sur la porte, pendent un imperméable et une longue écharpe de cachemire.

Une quatrième photographie, carrée, de grand format, est fixée avec des punaises sur le mur de droite, non loin de l'endroit où se tient la jeune fille ; elle représente un grand salon parqueté à la Versailles, entièrement vide de meubles à l'exception d'un gigantesque fauteuil sculpté de style Napoléon III, à la droite duquel se tient, debout, une main posée sur le haut du dossier, l'autre sur la hanche, le menton en avant, un homme tout petit déguisé en mousquetaire.

Georges Perec, *La Vie mode d'emploi*,

La phase rédactionnelle

À ce stade, l'auteur textualise, c'est-à-dire met en phrases, et obtient une version suivie. C'est le temps des brouillons puis des mises au net, jusqu'au manuscrit définitif. La première série d'avant-textes reproduits ici permet d'observer le passage de la phase pré-rédactionnelle à la phase rédactionnelle dans une écriture à programme, celle de Flaubert. Pour *Madame Bovary*, Flaubert commence par élaborer trois scénarios généraux, de plus en plus développés, et un plan général. Puis viennent les plans et les scénarios partiels. Les plans relèvent encore de la phase pré-rédactionnelle – de brefs syntagmes nominaux définissent des unités narratives et indiquent quelques éléments descriptifs –, tandis que dans les « scénarios partiels » s'opère un début de textualisation – on y trouve des phrases constituées, parfois des fragments de dialogues, signe que l'auteur aborde la phase rédactionnelle. C'est l'ordre qui importe dans les plans, et le découpage en séquences ; les scénarios, eux, élargissent chaque épisode et prévoient son développement. Cependant, la séparation entre les deux types de documents n'est pas parfaitement

rigoureuse : souvent Flaubert élabore le scénario à partir d'un plan tout en utilisant indifféremment l'un ou l'autre terme. La version publiée du passage est donnée comme point de comparaison.
Dans le cas de Ponge comme dans celui de Proust, l'écriture progresse par développements et choix successifs, sans programmation préalable.

L'écriture à programme

■ Gustave Flaubert : l'écriture ou la traversée du désert

Lorsqu'il écrit, Flaubert (1821-1880) oscille sans cesse entre l'enthousiasme et l'écœurement. « Je n'attends plus de la vie qu'une suite de feuilles de papier à barbouiller de noir. Il me semble que je traverse une solitude sans fin pour aller je ne sais où. Et c'est moi qui suis à la fois le désert, le voyageur et le chameau [1] », écrit-il en 1875, alors qu'il est accablé par les deuils, l'insuccès relatif de ses livres et les difficultés financières. Un an plus tard, il travaille à *Hérodias* [2] et tout a changé : « Je vois (nettement, comme je vois la Seine) la surface de la mer Morte étinceler au soleil. Hérode et sa femme sont sur un balcon d'où l'on découvre les tuiles dorées du Temple. Il me tarde de m'y mettre et de piocher [3] furieusement cet automne [4]. » Atteint dans sa jeunesse de crises nerveuses qui lui font interrompre ses études de droit, Flaubert a consacré toute son énergie à la littérature. C'est un travailleur acharné : chacun de ses livres (quatre romans, dont un inachevé [5], et un recueil de nouvelles [6]) lui a demandé plusieurs

---

1. Lettre du 27 mars 1875 à George Sand.
2. Conte inspiré de la Bible et racontant comment Hérodias obtint de son beau-père Hérode, pour qui elle avait dansé, la tête du prophète Jean-Baptiste.
3. ***Piocher*** : travailler.
4. Lettre du 17 août 1876 à sa nièce Caroline.
5. *Madame Bovary* (1856), *Salammbô* (1862), *L'Éducation sentimentale* (1869) et *Bouvard et Pécuchet* (inachevé).
6. *Trois Contes* (1877).

années d'élaboration opiniâtre et de vie ascétique (« Oui, je mène une sacrée existence et j'étais né avec tant d'appétits[1] ! Mais la sacrée littérature me les a tous rentrés au ventre »). Quand il choisit un sujet de roman, Flaubert rassemble une documentation exhaustive, lit des dizaines d'ouvrages sur les aspects historiques, techniques, philosophiques du sujet, fait des repérages sur place. Le plan décidé, il s'en réjouit comme d'une étape importante. Puis viennent les scénarios, de plus en plus détaillés. Quand il applique le programme qu'il s'est fixé, il travaille encore énormément, continuant à se documenter, écrivant et réécrivant, passant ses phrases au « gueuloir » (« Il fait très chaud. Je braille en chemise, au clair de lune, mes fenêtres ouvertes »), reprenant parfois un chapitre déjà écrit, de façon à éviter les redites. S'il attache un grand prix à l'exactitude documentaire, ce n'est pour lui qu'un point de départ. Il cherche la beauté du style, qu'il définit comme l'adéquation de l'expression à la richesse de la pensée : « La forme et l'idée pour moi c'est tout un et je ne sais pas ce qu'est l'un sans l'autre. Plus une idée est belle, plus la phrase est sonore [...]. La précision de la pensée fait (et est elle-même) celle du mot. » Il se reconnaît double : « Il y a en moi, littérairement parlant, deux bonshommes distincts : un qui est épris de gueulades, de lyrisme, de grands vols d'aigle, de toutes les sonorités de la phrase et des sommets de l'idée ; un autre qui creuse et qui fouille le vrai tant qu'il peut, qui aime à accuser le petit fait aussi puissamment que le grand, qui voudrait faire sentir presque matériellement les choses qu'il reproduit. » De fait, il a écrit alternativement des romans modernes, où il étudie les types psychologiques et sociologiques de son temps, et des romans antiques très bien documentés mais débordants d'évocations plus violentes et plus colorées. Dans les deux cas, il élimine à la relecture les répétitions, les banalités, les « phrases molles[2] », les digressions. Quand il retravaille son texte, il va généralement vers plus de concision : « Pas un détail en dehors du sujet, la ligne droite. » Bien que Zola l'ait reconnu pour un de ses maîtres, Flaubert s'est tenu

1. ***Appétits*** : désirs.
2. ***Les phrases molles*** : les phrases qui manquent de densité.

à l'écart de l'école naturaliste, se méfiant de théories qu'il jugeait simplificatrices.

Dans *Madame Bovary*, Emma est mariée à Charles Bovary, qu'elle juge trop terre à terre pour elle. Invitée avec son époux à un bal dans un château, elle se trouve brièvement en contact avec la haute société. Cet épisode accentue son sentiment d'insatisfaction et sa tendance à se réfugier dans des rêveries romanesques. Dans les avant-textes suivants – deux scénarios et deux plans –, on voit l'épisode se préciser mais aussi se modifier. Le texte définitif montre comment Flaubert a choisi de développer la scène de la valse, alors que d'autres segments des avant-textes disparaissent ou se réduisent.

Madame Bovary, plans et scénarios

Troisième scénario général, extrait[1]

elle lit des journaux de mode & des romans, (le soir
portez après le bal[2]
l'hiver) – rêves de la vie parisienne – Charles rentre le soir, mouillé trempé & dîne à la
chandelle. elle lui verse à boire.
à l'automne un bal dans un château des environs – château dans une
vallée entre deux rivières – jolie fête, arbustes dans l'escalier, etc – écuries – chenils – luxe
simple & intime – le bal – c'est un tourbillon qui passe devant le nez d'Emma – le lendemain
elle s'en retourne dans le boc[3] de son mari – silence – froid d'automne – coucher de soleil
rouge – Au bas d'une côte à un détour de la route dans des terrains sablonneux on rencontre
qques jeunes gens du château partis en chasse le matin – ils passent à cheval, au pas
envie de luxe & de richesse mêlée à l'amour (après coup) d'un jeune beau
quelconque qu'elle a vu au bal et qu'elle prend, dans sa tête par désœuvrement et
& dans le besoin qu'elle est quelconque
~~pr en faire un d'avoir~~ d'un centre où rattacher ses aspirations

1. Il s'agit ici d'une transcription diplomatique (voir lexique génétique, p. 143). La disposition du manuscrit sur la page est reproduite : la longueur des lignes est respectée (Flaubert utilisait de grandes feuilles de papier, proches de notre format A3), les ratures et les additions sont signalées (ces dernières apparaissent dans un corps inférieur au reste du texte). – 2. Il s'agit d'une note de régie (voir lexique génétique, p. 143). – 3. *Boc* : voiture ouverte conduite par deux chevaux, moins élégante qu'un tilbury.

Plan partiel

le bal –

Arrivée soir – crépuscule – brouillard – lumière & lanternes

dîner

bal –

dans sa chambre

se relève

pavillon – à toit chinois – canapés de toile verres de couleur

stagnante – avancée de la rivière

eau noire, nénuphars.

déjeuner.

les dames donnent à manger aux cygnes

départ

rencontre des chasseurs.

Autre plan partiel

le bal ——

arrivée soir crépuscule brouillard – lanternes & lumière
billard – tableaux de famille.
dîner – service. – truffes. champagne. M^r le duc.
bal – ~~d~~ groupes – plateaux – balles des musiciens. cotillon[1] – Emma ne danse pas –
salon – serre chaude
dans sa chambre
se relève – pavillon à toit chinois. verres de couleur – canapés de toi[2]
– eau noire
eau stagnante – avancée de la rivière – nénuphars
déjeuner
les dames donnent à manger aux cygnes
départ
rencontres des chasseurs – rentrée – il y a 8 j. à cette heure-ci !
il y a 15 jours etc.
remémoration
hiver

1. *Cotillon* : dernière partie d'un bal, souvent accompagnée de jeux. – 2. *Toi* : mot inachevé, probablement « toile ».

Scénario partiel, extrait[1]

bal – jeunes gens ~~& femmes~~ – caractère général des lions[2] : mains teint – air brutal et
efféminé tout ensemble, donné l'habitude des chevaux & des fem de théâtre. – habits souples, poitrines
– gilets –
bombées, – pantalons ~~collans~~ cuissants[3], qquns boutonnés par le bas. – bas de soie à jour. – odeurs
mouchoirs de batiste – Femmes y comprises

danse. – plaisir de la mesure – glissade – plateaux de punch qui fument
|conseillers. – un rédact de journ légit[4] 1832
groupes. – balles[5] de Rouennais |
– paysans qui regardent
le souper[6] fut servi sur – un 1/4 d'h. – vin du Rhin. viandes froides gelée – bisque

reprise – les musiciens

cotillon – le vicomte de*· gilet jaune – « essayez » à Emma. – à la porte se heurte
passe la main sous son gilet. sensation de son corps à travers le linge – se remet à sa place
étourdie le regarde valser – on se retire peu à peu.
yeux qui piquent – chaleur des joues. froid aux pieds
(1) rentré dans sa chambre – pluie du matin – sort – sorbier seringa. – lampion dans
vue des fenêtres fermées du château – ils dorment –
l'herbe. – pavillon chinois. verre de couleur. – domestiq qui arrang les chevaux – eau

Plans et Scénarios de Madame Bovary, éd. Yvan Leclerc,

1. On ne donne ici que la partie médiane du scénario : il couvre en fait tout l'épisode, et on trouve en marge de brefs plans non reproduits ici. – 2. *Lions* : jeunes gens à la mode. – 3. *Cuissants* : collants sur les cuisses. – 4. *Rédact de journ légit* : abréviation pour « rédacteur de journal légitimiste ». – 5. *Balles* : figures ridicules. – 6. *Souper* : repas léger pris tard dans la nuit.

Extrait du roman publié

Après le souper, où il y eut beaucoup de vins d'Espagne et de vins du Rhin, des potages à la bisque[1] et au lait d'amandes, des puddings à la Trafalgar et toutes sortes de viandes froides avec des gelées alentour qui tremblaient dans les plats, les voitures, les unes après les autres, commencèrent à s'en aller. En écartant du coin le rideau de mousseline, on voyait glisser dans l'ombre la lumière de leurs lanternes. Les banquettes s'éclaircirent ; quelques joueurs restaient encore ; les musiciens rafraîchissaient, sur leur langue, le bout de leurs doigts ; Charles dormait à demi, le dos appuyé contre une porte.

À trois heures du matin, le cotillon commença. Emma ne savait pas valser. Tout le monde valsait, mademoiselle d'Andervilliers elle-même et la marquise[2] ; il n'y avait plus que les hôtes du château, une douzaine de personnes à peu près.

Cependant, un des valseurs, qu'on appelait familièrement *vicomte*, et dont le gilet très ouvert semblait moulé sur la poitrine, vint une seconde fois encore inviter madame Bovary, l'assurant qu'il la guiderait et qu'elle s'en tirerait bien.

Ils commencèrent lentement, puis allèrent plus vite. Ils tournaient : tout tournait autour d'eux, les lampes, les meubles, les lambris, et le parquet, comme un disque sur un pivot. En passant auprès des portes, la robe d'Emma, par le bas, s'ériflait[3] au pantalon ; leurs jambes entraient l'une dans l'autre ; il baissait ses regards vers elle, elle levait les siens vers lui ; une torpeur la prenait, elle s'arrêta. Ils repartirent ; et, d'un mouvement plus rapide, le vicomte, l'entraînant, disparut avec elle jusqu'au bout de la

1. ***Potages à la bisque*** : potages faits avec un coulis de crustacés.
2. Ce sont la maîtresse de maison et sa fille. La valse est encore considérée comme une danse inconvenante dans le milieu social de madame Bovary.
3. ***S'ériflait*** : s'éraflait.

galerie, où, haletante, elle faillit tomber, et, un instant, s'appuya la tête sur sa poitrine. Et puis, tournant toujours, mais plus doucement, il la reconduisit à sa place ; elle se renversa contre la muraille et mit la main devant ses yeux.

Quand elle les rouvrit, au milieu du salon, une dame assise sur un tabouret avait devant elle trois valseurs agenouillés. Elle choisit le Vicomte, et le violon recommença.

On les regardait. Ils passaient et revenaient, elle immobile du corps et le menton baissé, et lui toujours dans sa même pose, la taille cambrée, le coude arrondi, la bouche en avant. Elle savait valser, celle-là ! Ils continuèrent longtemps et fatiguèrent tous les autres.

On causa quelques minutes encore, et, après les adieux ou plutôt le bonjour, les hôtes du château s'allèrent coucher.

Charles se traînait à la rampe, les genoux *lui rentraient dans le corps*. Il avait passé cinq heures de suite, tout debout devant les tables, à regarder jouer au whist [1] sans y rien comprendre. Aussi poussa-t-il un grand soupir de satisfaction lorsqu'il eut retiré ses bottes.

Emma mit un châle sur ses épaules, ouvrit la fenêtre et s'accouda.

La nuit était noire. Quelques gouttes de pluie tombaient. Elle aspira le vent humide qui lui rafraîchissait les paupières. La musique du bal bourdonnait encore à ses oreilles, et elle faisait des efforts pour se tenir éveillée, afin de prolonger l'illusion de cette vie luxueuse qu'il lui faudrait tout à l'heure abandonner.

Le petit jour parut. Elle regarda les fenêtres du château, longuement, tâchant de deviner quelles étaient les chambres de tous ceux qu'elle avait remarqués la veille. Elle aurait voulu savoir leurs existences, y pénétrer, s'y confondre.

Mais elle grelottait de froid. Elle se déshabilla et se blottit entre les draps, contre Charles qui dormait.

Gustave Flaubert, *Madame Bovary*,
première partie, chapitre VIII.

---

1. ***Whist*** : jeu de cartes, ancêtre du bridge.

■ Robert Desnos : une écriture « délirante et lucide »

Tout jeune, Desnos (1900-1945) fut l'« étoile » des séances de sommeil organisées par les surréalistes. L'objectif était, en parlant et en écrivant sous hypnose, de rendre au langage son pouvoir poétique ; aucune censure ne s'exerçant plus, le langage échappait aux clichés et à la logique de la vie quotidienne pour retrouver les libres constructions du rêve et de l'inconscient. Autour d'une table, leurs mains se touchant pour former une chaîne, les participants attendaient dans l'obscurité. Desnos s'endormait très vite, comme le raconte André Breton : « Un coup sourd : c'était le front de Desnos qui venait de heurter la table. Aussitôt on donnait un peu de lumière. Les yeux clos, il relevait la tête et, ou bien on comprenait qu'il allait parler et alors on s'apprêtait à noter ce qu'il dirait, ou bien, d'un geste toujours le même, il réclamait un crayon et du papier dont il couvrait précipitamment d'écriture ou de dessins de nombreuses feuilles. » Il produisait ainsi des poèmes, des discours, les anagrammes [1] de Rrose Sélavy [2], des métaphores énigmatiques appliquées à ses amis [3]. Il évoque ainsi l'écriture surréaliste : « Écrire sous la dictée d'une voix des phrases qui apparaissent spontanément, toutes prêtes et parfaitement équilibrées ou des mots sans suite hachés, incohérents en apparence. C'est un renouvellement de l'inspiration. » Au bout de quelques mois, André Breton, qui dirigeait le groupe, mit pourtant fin à l'expérience, en partie parce que Desnos endormi se montrait de plus en plus agressif (il poursuivit le poète Eluard avec un couteau) et de plus en plus difficile à tirer du sommeil hypnotique. Desnos continua à pratiquer l'écriture automatique, qui consiste à écrire très

---

1. ***Anagrammes*** : mots obtenus par transposition des lettres d'autres mots. Dans Rrose Sélavy, on peut citer : « Ma peur se reflète sur le verre comme le vapeur sur la mer », ou « Les enfants des hommes sont une somme de fantômes et de sang un peu ».

2. Rrose Sélavy est le nom d'un personnage créé par le peintre Marcel Duchamp avec qui Desnos prétendait correspondre par télépathie.

3. À la question « Qui est Ernst ? », il répondit : « Le rail synonyme d'empereur et la flûte au son si doux si doux doux si doux si doux. »

rapidement et sans aucune censure tout ce qui vient à l'esprit[1]. Il s'éloigna cependant progressivement des surréalistes pour des raisons politiques (il ne s'engagea pas au parti communiste) et par souci d'indépendance. En 1929, Breton l'exclut du mouvement.

Les manuscrits de cette période, celle des expériences surréalistes, posent un problème : ils devraient être parfaitement nets, sans ratures, si vraiment le scripteur[2] acceptait de n'exercer aucun contrôle sur ce qu'il produisait. Le témoignage d'Alejo Carpentier, romancier cubain et ami de Desnos, va dans ce sens : « Il écrivait tous ses poèmes d'un seul trait, sans une retouche, sans une correction, et il était capable de parler en alexandrins pendant des heures [...]. » Mais l'examen des manuscrits montre que, en réalité, les poèmes ont été raturés, travaillés. Dans son enthousiasme, Carpentier a assimilé le stade de l'improvisation orale et celui de l'écriture. Desnos n'a pas commenté cette contradiction, qui n'en était peut-être pas une pour lui. Même les textes écrits sous hypnose portent des ratures, qui peuvent être la trace de conflits intérieurs. Et, dès cette période, l'écriture automatique n'est pour lui qu'une possibilité parmi d'autres, la pointe extrême de l'inspiration.

Desnos a d'ailleurs reconnu qu'il avait évolué dans sa manière de concevoir le langage poétique et l'inspiration. En 1942, il écrit à Eluard : « Je crois de plus en plus que l'écriture et le langage automatiques ne sont que les stades élémentaires de l'initiation poétique. Par eux on enfonce les portes. Mais derrière ces portes il y en a d'autres avec des serrures de sûreté qui ne cèdent que si on cherche et trouve leur secret. L'inspiration devient une ivresse plus subtile. » Il réhabilite donc la recherche précise des rimes et des mots, particulièrement « la recherche d'un langage poétique, à la fois populaire et exact ». Il note : « L'argot et ses sens incertains,

---

1. Ce type d'écriture avait été inauguré par André Breton et Philippe Soupault dans *Les Champs magnétiques* (1920). En 1925, Desnos écrit *Trois Livres de prophéties* et commente : « Je n'ai absolument pas contrôlé mes prophéties. J'ai écrit ce que le souffle qui me transporte m'a dicté. »

2. ***Scripteur*** : celui qui écrit.

vibrants, oscillants. Le langage poétique. » Mais il reste fidèle aux thèmes surréalistes dans toute sa production : poèmes lyriques[1] surtout, mais aussi chansons, émissions de radio, poèmes pour enfants[2], poèmes de résistance[3], qu'il publie sous un faux nom. Il aime le merveilleux, les atmosphères mystérieuses, les villes la nuit, le fond des mers, l'irruption du rêve dans la réalité, le crime, l'amour fou. Il défend la liberté du poète : « La poésie peut être ceci ou cela. Elle ne doit pas être forcément ceci ou cela... sauf délirante et lucide. »

Voici un exemple d'écriture à programme dont la consigne est implicite mais facilement déchiffrable. Le poème suivant appartient à un ensemble écrit en 1923 et intitulé « Langage cuit », dans lequel Desnos manipule les formes figées du langage. Dans « Cœur en bouche », il modifie, par permutation d'éléments, des phrases « toutes faites » d'origines diverses et surtout des comparaisons-clichés dont il inverse le comparé et le comparant. L'impression d'étrangeté mêlée d'humour est immédiate : l'esthétique du poème est surréaliste mais non la technique d'écriture. Dans la version définitive, la seconde partie s'est considérablement amplifiée et assombrie.

« Cœur en bouche », brouillon

cœur en bouche

Son manteau traînait comme un soleil couchant
et les perles de son collier étaient belles comme des dents
~~La neige blanche comme ses seins nous entourait~~
une neige de seins entourait la maison.

1. Voir les deux recueils *Corps et biens* (1930) et *Fortunes* (1942).
2. *Chantefables* et *Chantefleur* (1944).
3. Résistant, Desnos est arrêté et déporté en 1944 ; il meurt d'épuisement et de maladie au camp tchèque de Terezín en juin 1945, un mois après l'armistice.

Dans l'âtre crépitait un feu de baisers.
et les diamants de ses bagues étaient plus brillants que des yeux
« Dieu croit en moi, nocturne visiteuse,
~~et je suis prêt à croire en toi »~~
Dehors les roseaux ~~la courbaient~~ se courbent comme des tailles
un enfant ~~pleurait comme~~ pleure mieux qu'un chat
Respirer des roses aux doigts d'aurore [1]
Quand la nuée éclatante transforme
en astre le duvet [2]
L'injure des locomotives sur les rails indifférents [3]
Les rosiers déracinés sont des amourettes oubliées
Et puis je me coucherai dans un linceul
comme dans une mer,
Les regards dans la nuit sont des étoiles
et ces rubans : routes à l'infini
~~nid * [4] / les vrais voyageurs~~
ballons légers ~~pareils~~ semblables aux cœurs
Et c'est l'aimant pareil à un [5]
J'entends les couleurs [6]
: A   : E   : I
          : O   : U

---

1. Dans l'*Iliade* et l'*Odyssée*, l'aurore est toujours appelée l'« aurore aux doigts de rose ».

2. Transformation d'un vers de Hugo dans « Stella » (1853) : « L'astre éclatant changeait la nuée en duvet. »

3. Transformation d'une réponse type des querelles d'enfants : « La locomotive de tes injures glisse sur les rails de mon indifférence. »

4. Dans une transcription, l'astérisque indique une lecture conjecturale.

5. Le vers est inachevé.

6. Rappel du sonnet « Voyelles » (1872) dans lequel Rimbaud associe chaque voyelle à une couleur. Les quatre premières voyelles, A, E, I, O, sont en surcharge sur les quatre premières lettres de l'alphabet : A, B, C, D.

Texte publié

Cœur en bouche

Son manteau traînait comme un soleil couchant
et les perles de son collier étaient belles comme des dents.
Une neige de seins qu'entourait la maison
et dans l'âtre un feu de baisers.
Et les diamants de ses bagues étaient plus brillants que des yeux.
« Nocturne visiteuse, Dieu croit en moi !
– Je vous salue, gracieuse de plénitude
les entrailles de votre fruit sont bénies [1]
Dehors se courbent les roseaux fines tailles.
Les chats grincent mieux que les girouettes.
Demain à la première heure, respirer des roses aux doigts d'aurore
et la nue éclatante transformera en astre le duvet. »
Dans la nuit ce fut l'injure des rails aux indifférentes locomotives
près des jardins où les roses oubliées
sont des amourettes déracinées.
« Nocturne visiteuse un jour je me coucherai dans un linceul comme dans une mer.
Tes regards sont des rayons d'étoile
les rubans de ta robe des routes vers l'infini.
Viens dans un ballon léger semblable à un cœur
malgré l'aimant, arc de triomphe quant à la forme.

1. À la parodie de la prière « Je crois en Dieu » (v. 6), s'ajoute celle du « Je vous salue Marie ».

Les giroflées du parterre deviennent les mains les plus belles d'Haarlem.
Les siècles de notre vie durent à peine des secondes.
À peine les secondes durent-elles quelques amours.
À chaque tournant il y a un angle droit qui ressemble à un vieillard.
Le loup à pas de nuit s'introduit dans ma couche.
Visiteuse ! Visiteuse ! Tes boucliers sont des seins !
Dans l'atelier se dressent aussi sournoises que des langues les vipères.
Et les étaux de fer comme les giroflées sont devenus des mains
Avec les fronts de qui lapiderez-vous les cailloux ?
quel lion te suit plus grondant qu'un orage ?
Voici venir les cauchemars des fantômes. »
Et le couvercle du palais se ferma aussi bruyamment que les portes du cercueil.
On me cloua avec des clous aussi maigres
que des morts
dans une mort de silence.
Maintenant vous ne prêterez plus d'attention
aux oiseaux de la chansonnette.
L'éponge dont je me lave n'est qu'un cerveau ruisselant
et des poignards me pénètrent avec l'acuité de vos regards.

Robert Desnos, *Corps et biens* [1930],
© Gallimard, 1968.

L'écriture à processus

■ Marcel Proust : des « paperoles » aux livres

L'écriture de Proust (1871-1922) est l'exemple type de l'écriture à processus, un cas unique peut-être. Il est l'auteur d'un roman de trois mille pages imprimées serré, *À la recherche du temps perdu*, où les mêmes personnages reviennent de volume en volume [1]. Or la phase pré-rédactionnelle, telle que nous la connaissons, se limite à de brèves notes (notes de lecture, expressions du langage parlé que Proust a entendues et songe à réutiliser, rapides indications d'épisodes à faire), plus quelques plans partiels notés en cours d'écriture. En revanche, la phase rédactionnelle, capitale, commence très tôt et se poursuit très tard, empiétant sur la phase éditoriale : Proust couvre ses épreuves d'additions, inquiète ses éditeurs successifs qui voient le livre dépasser les limites acceptables, divise dans certains cas son œuvre en tomes, « à chaud », juste avant la publication [2].

Les premiers critiques de son œuvre, désorientés, lui ont reproché de ne pas composer ses livres. La complexité de la narration et l'abondance des digressions les choquaient. À voir comment Proust écrit, on comprend mieux comment il faut le lire : il rédige un épisode, plus ou moins long, mais toujours textualisé, et c'est à partir de ce noyau qu'il travaille, ajoutant beaucoup, remplissant toutes les marges de ses cahiers de brouillon et la page de gauche, qu'il laisse souvent libre pour pouvoir développer ultérieurement. Fréquemment, l'épisode initial éclate ; l'écrivain le divise en plusieurs morceaux, qu'il situe ensuite en des points différents de l'œuvre, parfois très éloignés les uns des autres.

---

1. *À la recherche du temps perdu* se compose des tomes suivants : *Du côté de chez Swann*, *À l'ombre des jeunes filles en fleurs*, *Le Côté de Guermantes* I et II, *Sodome et Gomorrhe* I et II, *La Prisonnière*, *Albertine disparue*, *Le Temps retrouvé*.

2. L'œuvre de Proust est inachevée car il est mort avant d'avoir effectué ce travail capital pour les trois derniers volumes du roman.

Ainsi, lorsque le narrateur adolescent rencontre au bord de la mer un groupe de jeunes filles séduisantes et insolentes, les premiers brouillons donnent la description du groupe et le milieu social auquel les jeunes filles appartiennent, la difficulté qu'éprouve le narrateur à choisir entre elles et les soupçons qu'il conçoit à l'idée qu'elles sont trop libres, peut-être homosexuelles. Dans le texte définitif, cinquante pages séparent la première vision des jeunes filles et la découverte de leur origine sociale. Les soupçons sont reportés des centaines de pages plus loin, au cours d'un second séjour au bord de la mer. À ce moment, le narrateur a choisi l'une des jeunes filles, Albertine. Certaines additions (l'émotion ressentie la première fois que l'on entend le nom d'une femme aimée) ont été déplacées vers un épisode précédent, alors que le narrateur à peine sorti de l'enfance est amoureux d'une autre jeune fille, Gilberte. L'histoire des jeunes filles est entrelacée à d'autres, ce qui impose une lecture exigeante et attentive comme l'écriture même, mais éclaire aussi le lecteur sur l'évolution psychologique et sentimentale du narrateur.

Proust voua sa vie à l'écriture. Toujours malade, victime de graves crises d'asthme depuis son enfance, il prit assez jeune l'habitude de dormir le jour et d'écrire la nuit. Après une période mondaine, il se cloîtra dans une chambre tapissée de liège dont il ne sortait, à de rares exceptions près, que très tard le soir. À son chevet, de nombreux cahiers de brouillon (il passait facilement de l'un à l'autre), des feuilles volantes aussi, les « paperoles » qu'il collait souvent dans un cahier déjà rempli, au bas d'une page, pour se donner la place d'écrire encore. Quand le succès vint[1], Proust s'irrita qu'on divulgue son mode de vie car il ne voulait d'intérêt que pour son œuvre. Pourtant, dans *À la recherche du temps perdu*, il se peint brièvement en ces termes : « [...] moi, l'étrange humain qui, en attendant que la mort le délivre, vit les volets clos, ne sait rien du monde[2], reste immobile

---

1. Proust a obtenu le prix Goncourt en 1918 pour *À l'ombre des jeunes filles en fleurs*, ce qui lui a apporté la notoriété.

2. Proust était au contraire très bien informé par ses lectures, par les lettres qu'il recevait et par des conversations. Il intégra à son roman différents points de vue sur la guerre de 1914-1918 au cours du conflit même.

comme un hibou et comme celui-ci, ne voit un peu clair que dans les ténèbres. » Le narrateur d'*À la recherche du temps perdu* n'est pas l'auteur. Proust le précise bien, mais il joue constamment sur les ressemblances entre l'un et l'autre. Ce narrateur devient écrivain. À la fin, prêt à écrire un livre et pour montrer comment il le composera, il annonce : « [...] épinglant ici un feuillet supplémentaire, je bâtirais mon livre, je n'ose pas dire ambitieusement comme une cathédrale, mais tout simplement comme une robe. » Architecte et couturier, résolu à concilier rigueur et fluidité, Proust défend ici sa façon de composer en écrivant.

Le passage qui suit se situe tout au début de *Du côté de chez Swann*, premier volume d'*À la recherche du temps perdu*. Le narrateur enfant, très attaché à sa mère, ne peut s'endormir si elle ne l'a pas embrassé. Un soir, la présence d'un invité, M. Swann, le prive du baiser de sa mère avant son coucher. Incapable de s'endormir, il décide de l'attendre, tout en sachant qu'il désobéit gravement. Les deux premières versions proviennent de deux cahiers de brouillon successifs [1], la troisième d'une dactylographie. On voit comment l'épisode se développe, ce qui est fixé d'emblée et ce qui reste mouvant, les substitutions que l'écrivain opère d'une version à l'autre, la dramatisation croissante de l'incident, dont Proust fera un tournant capital dans la vie de l'enfant.

Brouillon 1

Ma décision me causa une grande joie, je savais les colères terribles auxquelles je m'exposais, mais la délivrance de mon anxiété était une joie profonde ~~qu~~ sur laquelle ma pensée se délectait. ~~Neuf heures et demie~~ [2] Dix heures sonnèrent, M. Swann s'en alla. J'entendis Maman qui demandait à mon père ~~si le dîner avait été bon~~ s'il avait trouvé le dîner bon, comment était la glace,

---

1. Respectivement, Cahier 6, folios 48-49, et Cahier 8, folios 44-46.
2. La transcription ici n'est pas diplomatique mais linéaire (voir lexique génétique, p. 129).

si M. Swann avait repris des biscuits au chocolat ; ~~puis~~ on se leva, Maman allait monter, j'ouvris ma porte sans bruit, ~~et~~ certes mon cœur battait alors, mais plus d'anxiété, d'épouvante et de joie, ~~j'en avais trop fait~~ bientôt j'entendis la robe de Maman qui montait fermer les fenêtres ~~et~~, je voyais sa lumière, puis je la vis et m'élançai vers elle. À la 1re minute elle ne comprit pas ce que je faisais là à cette heure-là, puis le comprenant, ~~prit~~ sa figure se contracta de colère, elle ~~me dit tout~~ <ne> voulait même pas me parler car je venais de faire une de ces choses pour lesquelles on ne me parlait plus, mais elle entendit mon père qui montait et devant l'imminence du danger et pour éviter un ennui à mon père elle me dit d'une voix ~~furieuse~~ entrecoupée : « Sauve-toi que ton père au moins ne te voit[1] pas et ne recommence jamais cela. » Mais je lui répétais viens me dire bonsoir, sans doute ~~le pas de~~ la lumière de mon père qui ~~commençait à comm~~ devait être dans le couloir m'épouvantait mais aussi c'était une espèce de chantage, je sentais que Maman pour éviter que je reste une seconde de plus et que mon père me voit, allait me dire : rentre vite dans ta chambre je viens. Et une fois qu'elle y serait nous verrions. Il était trop tard mon père ~~ét~~ était devant nous. Malgré moi ces mots que personne heureusement n'~~avait ent~~ entendit vinrent sur mes lèvres : je suis perdu. J'étais sauvé.

1. La forme grammaticale correcte est le subjonctif présent « voie ». Même remarque cinq lignes plus loin.

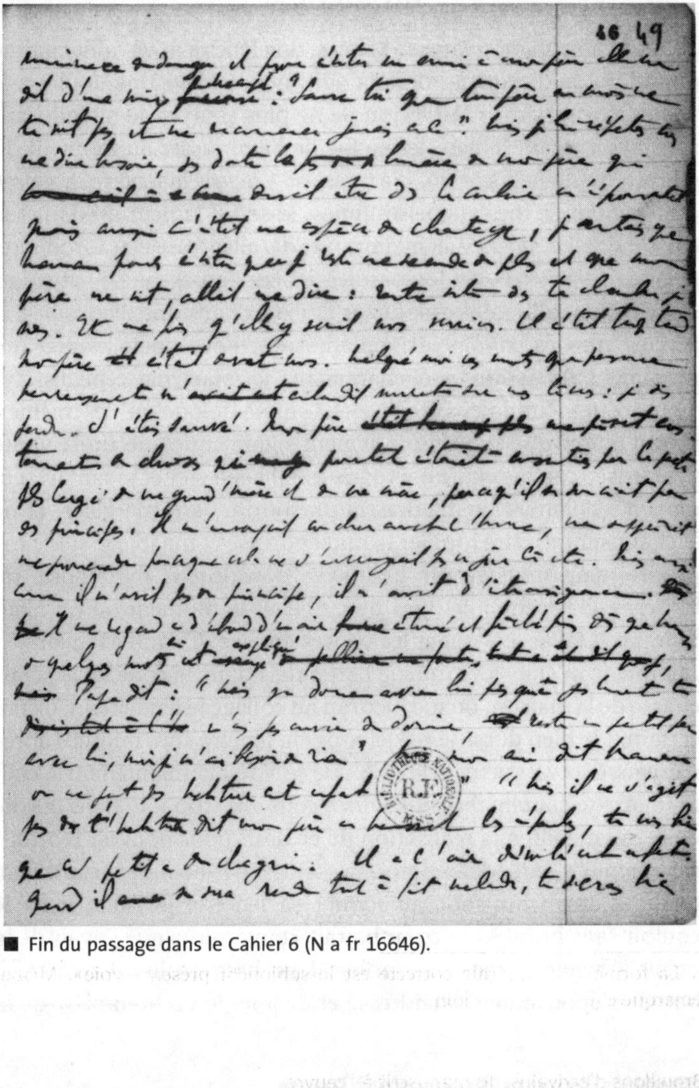

■ Fin du passage dans le Cahier 6 (N a fr 16646).

Brouillon 2

Tout à coup mon anxiété tomba, une félicité m'envahit comme quand un médicament puissant agit, nous enlève une douleur, je venais de prendre la résolution de ne plus essayer de m'endormir sans avoir revu Maman, ~~je me lev~~ de l'embrasser au moment où elle monterait, je me levai, <je m'assis> j'ouvris la fenêtre, le calme qui résultait de mes angoisses finies, ~~la soif d~~ la peur ~~du dan~~ et la soif du danger me mettaient dans une ~~dis~~ allégresse extraordinaire. ~~J'ouvris la fenêtre car les paroles insignifiantes que j'entendais monter du jardin m'enchantaient~~ Et j'étais dans une disposition si joyeuse que les paroles insignifiantes ~~que j'entendais monter~~ qui montaient du jardin m'enchantaient, je ~~criais~~ me répétais Zut <Zut> Zut <Zutiflor> avec ~~l'accent animé de quelqu'~~ le <même> accent animé que si ces mots avaient signifié quelque ~~chose~~ vérité délicieuse, <~~ou comme un ivrogne qui défend sa~~> et je sautais seul dans ma chambre, je m'adressai un sourire dans ma glace, et ne sachant sur qui faire tomber ~~la~~ ma tendresse et ma joie je saisis ~~ma propre main~~ mon propre bras avec transport et j'y déposai un baiser. Hélas cette joie dura peu. C'était le moment où on allait monter. Il fallait envisager les choses en face. Quand Maman verrait que je m'étais levé, que je l'attendais dans le couloir, je serais chassé de la maison, on me mettrait au collège le lendemain, c'était certain. Hé bien dussé-je me jeter par la fenêtre cinq minutes après j'aimais encore mieux cela. Ce que je voulais maintenant c'était Maman, <c'était lui dire bonsoir> j'étais allé trop loin dans la voie ~~de la~~ qui menait à la réalisation de ce désir pour pouvoir rebrousser chemin, ~~j'entendis monter, je sortis sur le couloir~~ bientôt j'entendis Maman qui montait fermer sa fenêtre, ~~je~~ j'allai dans le couloir sans bruit. Mon cœur battait <tant> alors que j'avais de la peine à avancer, mais du moins il ne battait plus d'anxiété, il battait d'épouvante de tendresse et de joie. Je vis ~~la lumière de la~~

~~bougie de Maman qui s'avançait~~ s'avancer sur ~~le plafond~~ la vitre* de l'escalier la lumière projetée par la bougie de Maman. Puis je la vis elle-même je m'élançai. À la 1re seconde elle me regarda avec étonnement, ne comprenant pas ce qui était arrivé. Puis sa figure prit une expression furieuse : ~~va t'en, va t'en~~, elle ne me disait même pas un mot, car je venais de faire ~~une de ces choses pour lesquelles~~ une chose <encore> bien pire que celles qui composaient la catégorie de celles pour lesquelles on ne me parlait plus. Si elle m'avait parlé ç'aurait été admettre qu'on pouvait me reparler, ~~Or~~ peut-être même cela m'aurait-il paru plus terrible que ce silence, comme le signe que ~~le s~~ devant le châtiment terrible qui allait se préparer, le silence eût été ~~trop peu de chose~~ inutile. Une parole c'eût été le calme avec lequel ~~quelqu'un répond à une injure si forte qu'un duel est décidé dans sa pensée~~ on répond à un domestique quand on vient de décider de le renvoyer. Mais elle entendit mon père qui montait ~~de la chambre où il allait se déshabiller~~ du cabinet de toilette où il se déshabillait, et pour éviter ~~un ennui à~~ une scène de mon père elle me dit d'une voix entrecoupée : Sauve-toi Sauve-toi qu'au moins ton père ne t'ait pas vu ainsi comme un fou ». Mais je lui répétais viens me dire bonsoir, épouvanté par la lumière de mon père qui montait l'escalier mais aussi ~~espérant en / par cette espèce de chantage forcer Maman à <me promettre qu'elle allait> venir me dire bonsoir dans la crainte qu'elle aurait de / si elle me refusait que mon père ne me vît encore là~~ c'était de ma part une espèce de chantage je sentais que Maman allait me dire : rentre dans ta chambre je viens » pour éviter que mon père ne me trouvât encore là la suppliant, si elle me refusait. Il était trop tard, mon père était devant nous. Malgré moi je murmurai ces mots que personne n'entendit : je suis perdu. Il n'en fut pas ainsi.

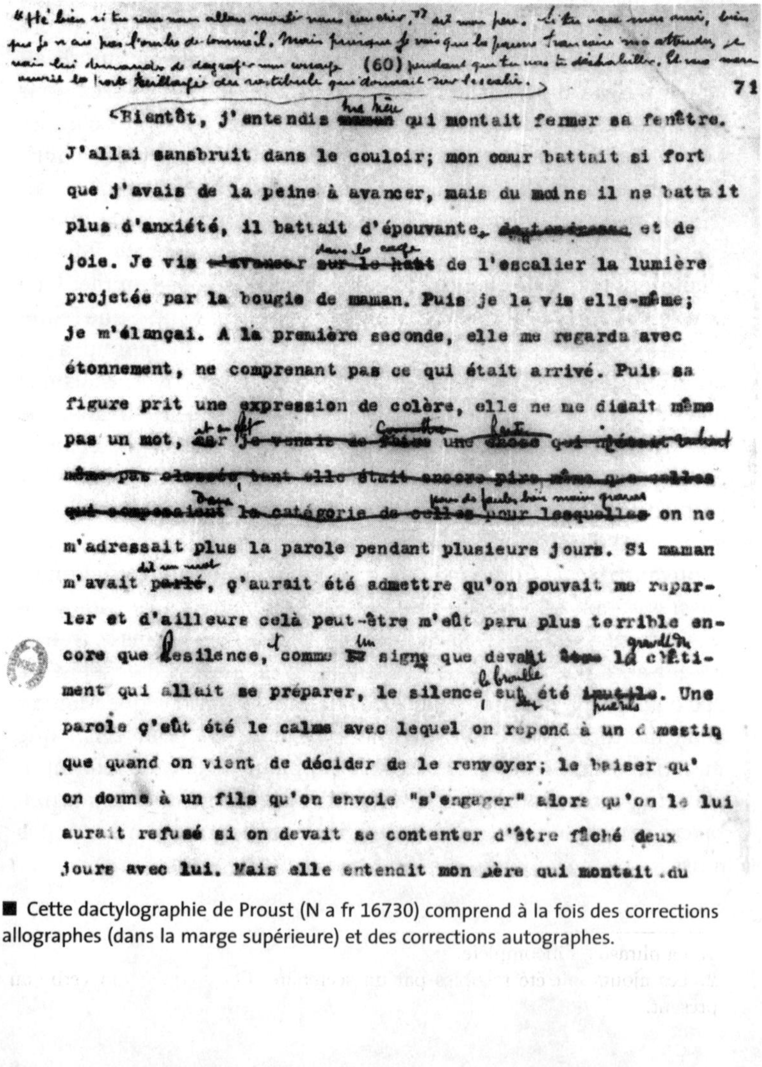
« Hé bien si tu veux vous allez monter vous coucher, » dit mon père. Si tu veux mon ami, bien que je n'aie pas l'ombre de sommeil. Mais puisque je vois que la pauvre Françoise m'attend, je vais lui demander de dégrafer mon corsage (60) pendant que tu vas te déshabiller. Et vous avez ouvert la porte treillagée du vestibule qui donnait sur l'escalier.

71

Bientôt, j'entendis ~~maman~~ ma mère qui montait fermer sa fenêtre. J'allai sansbruit dans le couloir; mon cœur battait si fort que j'avais de la peine à avancer, mais du moins il ne battait plus d'anxiété, il battait d'épouvante, ~~[illegible]~~ et de joie. Je vis ~~s'avancer sur le haut~~ dans la cage de l'escalier la lumière projetée par la bougie de maman. Puis je la vis elle-même; je m'élançai. A la première seconde, elle me regarda avec étonnement, ne comprenant pas ce qui était arrivé. Puis sa figure prit une expression de colère, elle ne me disait même pas un mot, ~~car je venais de faire~~ et en effet comme une ~~chose qui n'était même pas classée, tant elle était encore pire même que celles qui composaient~~ faute dans ~~la catégorie de celles~~ pour de fautes bien moins graves ~~pour lesquelles~~ on ne m'adressait plus la parole pendant plusieurs jours. Si maman m'avait ~~parlé~~ dit un mot, ç'aurait été admettre qu'on pouvait me reparler et d'ailleurs cela peut-être m'eût paru plus terrible encore que le silence, et comme un signe que devant la gravité du châtiment qui allait se préparer, le silence, la brouille eût été ~~inutile~~ puérils. Une parole ç'eût été le calme avec lequel on répond à un domestique quand on vient de décider de le renvoyer; le baiser qu'on donne à un fils qu'on envoie "s'engager" alors qu'on le lui aurait refusé si on devait se contenter d'être fâché deux jours avec lui. Mais elle entendit mon père qui montait du

© BNF.

■ Cette dactylographie de Proust (N a fr 16730) comprend à la fois des corrections allographes (dans la marge supérieure) et des corrections autographes.

Dactylographie

Tout à coup mon anxiété tomba, une félicité m'envahit <~~brusquement~~> comme quand un médicament puissant ~~agit tout d'un coup~~ <et> qui commence à agir nous enlève une douleur[1] : je venais de prendre la résolution de ne plus essayer de m'endormir sans avoir revu ~~maman~~ ma mère, de l'embrasser coûte que coûte et bien que ce fût avec la certitude d'être ensuite brouillé avec elle, quand elle monterait se coucher ; je me levai, ~~j'allai à ma fenêtre qui projetait dans ma chambre des reflets bleus comme si c'eût été un vitrail~~. Le calme qui résultait de mes angoisses finies me mettait dans une allégresse extraordinaire, non moins que l'attente, la soif et la peur du danger. J'ouvris la fenêtre sans bruit et m'assis au pied de mon lit ; je n'osais pas faire un mouvement de peur qu'on m'entendît d'en bas. Dehors, les choses semblaient elles aussi figées en une muette attention à ne pas troubler le phénomène lunaire, prodigieux, étincelant et fragile qui maintenant avait gagné ~~tout le paysage~~ <jusqu'à l'horizon, et dédoublant chaque chose par l'extension devant elle de son ombre qui la reculait, avait à la fois aminci et agrandi le paysage comme un plan replié jusque-là, qu'on développa[2]>. Au pied de chaque arbre, à la porte de chaque maison se tenaient ces reflets réveillés qu'on ~~n'avait~~ n'a pas l'habitude de voir dehors à cette heure-là mais contre lesquels on aurait pu buter, car aucun mouvement ne décelait leur présence, on n'avait pas entendu venir leurs grandes formes ~~blanches~~ qui dans l'ombre regardaient. Ce qui avait besoin de bouger, <quelques feuilles de l'acacia>, bougeait. Mais leur frissonnement minutieux, total, exécuté jusque dans ses moindres nuances et ses dernières délicatesses, ne ~~débordait~~ bavait pas sur le reste, ne se ~~propageait~~ fondait pas <avec lui>, restait ~~inconscient~~ circonscrit. Exposés sur ce silence

1. La phrase est incomplète.

2. Les ajouts ont été recopiés par un secrétaire. On attendait un verbe au présent.

imperceptible qui n'en absorbait rien, les bruits les plus éloignés, ceux qui devaient venir de jardins situés à l'autre bout de la ville, ~~peut être même hors de la ville~~, se percevaient détaillés avec tant de netteté, avec un tel « fini » qu'ils semblaient ne devoir cet « effet de lointain » qu'à leur pianissimo, comme ces motifs qu'un instrumentiste placé dans un orchestre au milieu des autres, exécute ~~si pianissimo~~ que en sourdine et que le public croit ~~les~~ entendre bien loin de la salle de concert, ~~à une grande distance~~, ~~et~~ quoique l'auteur se soit naturellement arrangé pour que cette distance ~~factice~~ illusoire, n'empêche pas une seule des notes, tout le contour mélodique, de parvenir aux oreilles avec la plus intacte précision. <~~ne pas oublier distance de temps qu'elles ont aussi à traver~~ser[1].>

Je ne pouvais pas me dissimuler la gravité de la situation ~~car il fallait regarder les choses en face~~. <L'éducation qu'on me donnait plaçait en effet avant tout dans l'échelle du mal (et comme celles contre lesquelles j'avais le plus besoin d'être gardé) des fautes dont je comprends maintenant que leur caractère commun est qu'on y est conduit en cédant à une impulsion nerveuse. Mais alors on ne prononçait pas ces mots, on ne déclarait pas cette origine qui aurait pu me faire croire que j'étais excusable d'y succomber ou même peut-être incapable d'y résister. Mais je les reconnais[2] bien à l'angoisse qui les précédait comme à la rigueur du châtiment qui les suivait, et je savais que celle que je venais de commettre était de la même famille quoique infiniment plus grave>. Quand j'irai me mettre sur le chemin de ~~maman~~ ma mère au moment où elle monterait se coucher, <et>, ~~quand~~ qu'elle verrait que j'étais <resté> levé ~~et que je l'attendais~~ <pour lui redire bonsoir> dans le couloir, je serais chassé de la maison, on me mettrait au collège le lendemain, c'était certain. Eh ! bien, dussé-je me jeter par la fenêtre cinq minutes après, j'aimais encore mieux cela. Ce que je voulais

1. Note de régie autographe (voir lexique générique, p. 128).
2. On attendait ici un verbe à l'imparfait.

maintenant c'était maman, c'était lui dire bonsoir, j'étais allé trop loin dans la voie qui menait à la réalisation de ce désir pour pouvoir rebrousser chemin.

<J'entendis le pas de mes parents qui accompagnaient Swann, et quand le grelot de la porte m'eut averti qu'il venait de partir, j'allai à la fenêtre. Mes grands parents étaient rentrés, Maman demandait à mon père s'il avait trouvé la langouste bonne et si M. Swann avait « repris de la glace ». « Hé bien si tu veux nous allons monter nous coucher. » dit mon père. Si tu veux mon ami, bien que je n'aie pas l'ombre de sommeil. Mais puisque je vois que la pauvre Françoise[1] m'a attendue, je vais lui demander de dégrafer mon corsage[2] pendant que tu vas te déshabiller. Et ma mère ouvrit la porte treillagée[3] du vestibule qui donnait sur l'escalier>. Bientôt j'entendis ~~maman~~ ma mère qui montait fermer sa fenêtre. J'allai sans bruit dans le couloir ; mon cœur battait si fort que j'avais de la peine à avancer, mais du moins il ne battait plus d'anxiété, il battait d'épouvante, ~~de tendresse~~ et de joie. Je vis ~~s'avancer sur le haut~~ dans la cage de l'escalier la lumière projetée par la bougie de maman. Puis je la vis elle-même ; je m'élançai. À la première seconde, elle me regarda avec étonnement, ne comprenant pas ce qui était arrivé. Puis sa figure prit une expression de colère, elle ne me disait même pas un mot ~~car je venais de faire une chose qui n'était même pas classée, tant elle était encore pire même que celles qui composaient la catégorie de celles pour lesquelles / et en effet je venais de commettre une faute qui ne rentrait même pas dans la catégorie de celles pour lesquelles~~ et en effet pour des fautes bien moins graves on ne m'adressait plus la parole pendant plusieurs jours. Si Maman m'avait ~~parlé~~ dit un mot, ç'aurait été admettre qu'on pouvait me reparler et d'ailleurs

1. ***Françoise*** : nom de la domestique, qui jouera un grand rôle dans le roman.
2. ***Dégrafer mon corsage*** : la mère du narrateur porte sans doute un corsage fermé dans le dos par une série de petits boutons.
3. ***Treillage*** : assemblage de lattes de bois entrecroisées.

cela peut-être m'eût paru plus terrible encore que ~~ce~~ le silence, ~~comme le signe que devait être le châtiment~~ et comme un signe que devant la gravité du châtiment qui allait se préparer, le silence, <la brouille> ~~eût~~ eussent été ~~inutile~~ puérils. Une parole, c'eût été le calme avec lequel on répond à un domestique quand on vient de décider de le renvoyer ; le baiser qu'on donne à un fils qu'on envoie « s'engager » alors qu'on le lui aurait refusé si on devait se contenter d'être fâché deux jours avec lui. Mais elle entendit mon père qui montait du cabinet de toilette où il était allé se déshabiller et pour éviter la scène qu'il <me> ferait, elle me dit d'une voix entrecoupée <par la colère> : « Sauve-toi, sauve-toi, qu'au moins ton père ne t'ait pas vu ainsi <attendant> comme un fou ! » Mais je lui répétais : « Viens me dire bonsoir », épouvanté en voyant que le reflet de la bougie de mon père s'élevait déjà ~~dans l'escalier~~ sur le mur, mais aussi usant de son approche comme d'un moyen de chantage et espérant que maman, pour éviter que mon père me trouvât encore là si elle continuait à ~~me~~ refuser, allait me dire : « Rentre dans ta chambre, je vais venir. » Il était trop tard, mon père était devant nous. Sans le vouloir, je murmurai ces mots que personne n'entendit : « Je suis perdu ! » <Alinéa [1]> Il n'en fut pas ainsi.

■ Francis Ponge : « relever le défi des choses [2] »

Francis Ponge (1899-1988) donne très souvent pour titre à ses poèmes [3] des noms communs d'objets ou d'animaux : « Le Savon », « Le Cageot », « L'Araignée », « Le Lézard ». Il choisit volontiers les plus quotidiens, les plus modestes, les oubliés de la littérature. L'un de ses premiers recueils s'intitule *Le Parti pris des choses*, et ce titre à lui

---

1. Note de régie autographe.
2. « L'œillet », *La Rage de l'expression*, Gallimard, coll. « Poésie », 1992, p. 55.
3. Ce sont des poèmes en prose. Ponge refusait l'opposition entre prose et poésie.

seul est un programme. Prendre parti pour les choses, c'est d'abord parler de celles dont on ne parle jamais. Puisqu'il « est de la nature de l'homme d'élever la voix au milieu de la foule des choses silencieuses, qu'il le fasse du moins parfois à leur propos... », écrit Ponge. C'est aussi les louer, dire l'« épaisseur des choses », montrer comment elles se situent dans le monde, quelle est leur manière d'être, se placer, en partie par provocation, de leur côté : « En dehors de toutes les qualités que je possède en commun avec le rat, le lion et le filet[1], je prétends à celles du diamant, et je me solidarise d'ailleurs entièrement aussi bien avec la mer qu'avec la falaise qu'elle attaque, et avec le galet qui s'en trouve par la suite créé [...]. » Le poète dit son accord avec la vie. En bon admirateur de La Fontaine, il entend tirer de chaque objet « une jouissance et une leçon ».

Chaque être lui paraît posséder « des qualités vraiment particulières ». « Quel intérêt à les dégager ? Faire gagner à l'esprit humain ces qualités dont il est *capable* et que seule sa routine l'empêche de s'approprier. » Lorsque Ponge met en relief les qualités de l'objet, il clarifie par son exemple les activités de l'esprit humain, et surtout celles qui ont rapport au langage et à l'écriture. Pour approfondir la sensation ou l'émotion immédiate (tendresse pour la chèvre, par exemple) et aller parfois jusqu'au « thème abstrait », il considère toutes les facettes de la chose ou de l'animal, toutes ses attitudes. Ainsi voit-il dans la chèvre celle qui donne du lait même dans les conditions les plus difficiles (« tout ce lait qui s'obtient des pierres les plus dures »), la mère du chevreau (« ce petit tabouret de bois qui saute des quatre pieds sur place »), la grimpeuse « dans la montagne ou les cantons déshérités de la nature », la chèvre « lamentable et admirable » : « Ce n'est qu'un pauvre et pitoyable animal, sans doute, mais aussi un prodigieux organisme, un être, et il fonctionne. » Mais le poète fait également le lien avec sa propre activité : « Ainsi aurais-je chaque jour jeté la

1. Allusion à une fable de La Fontaine, « Le Lion et le Rat », dans laquelle un rat, par reconnaissance, sauve un lion en rongeant les mailles du filet dans lequel il est pris.

chèvre sur mon bloc-notes : croquis, ébauche, lambeau d'étude, – comme la chèvre elle-même est jetée par son propriétaire sur la montagne ; contre ces buissons, ces rochers – ces fourrés hasardeux, ces mots inertes – dont à première vue elle se distingue à peine. »

Notre relation à l'objet passe aussi par le mot qui le désigne. Considérant phonèmes et graphèmes [1], Ponge montre comment ils déterminent sa vision de l'objet : « Le mot oiseau : il contient *toutes les voyelles*. Très bien, j'approuve. Mais à la place de S, comme seule consonne, j'aurais préféré l'L de l'aile : oileau, ou le V du bréchet, le V des ailes déployées, le V d'avis [2] : oiveau. » Pour l'hirondelle, il crée un mot-valise : « L'Hirondelle, l'Horizondelle : l'hirondelle, sur l'horizon, se retourne en nage-dos libre. » Il examine aussi tous les sens du mot et son étymologie ; pour cela, il consulte les dictionnaires, particulièrement celui de Littré [3], note parfois le résultat au cours du poème. Cette recherche lui fournit une source d'inspiration (« Il y a de bonnes choses à prendre, apprendre ») et la conviction rassurante que tout n'a pas été dit, loin s'en faut, malgré des siècles de littérature : « Je n'arriverai donc pas trop tard. Tout est à dire. »

On voit que Ponge commente ses méthodes tout en écrivant. Avant lui, d'autres ont pratiqué cette façon d'inscrire la genèse dans l'œuvre [4], mais il est beaucoup plus rare d'intégrer, comme il le fait, les matériaux génétiques à un poème (il recopie par exemple seize définitions du mot « oiseau » dans le dictionnaire Littré plus une série de citations). Plus rare encore, le fait de publier toutes les versions successives d'un texte, toutes les tentatives, en les datant, c'est-à-dire de constituer son propre dossier génétique, mais en considérant qu'il fait partie intégrante de l'œuvre. Il écrit par exemple « Le Carnet du bois de pin » – notes successives incluses dans un recueil, *La Rage*

1. ***Graphèmes*** : éléments du tracé des mots.
2. ***Avis*** : mot latin qui signifie « oiseau » ; il a donné « avion » en français.
3. Le philosophe, philologue et homme politique Émile Littré (1801-1881) est à l'origine du *Dictionnaire de la langue française* (1872), très précis et qui donne un grand nombre de citations littéraires.
4. C'est le cas de Montaigne au XVIe siècle, par exemple.

de l'expression –, mais aussi des volumes entiers consacrés à un seul texte, dans tous ses états successifs : *Le Savon*, *La Fabrique du pré*[1].

Ainsi dévoile-t-il ce qu'est concrètement l'écriture : Ponge ne croit ni à l'inspiration du poète, ni à la perfection achevée du poème. Il montre les erreurs, les répétitions, la maturation du texte dans le temps, les trouvailles autour desquelles il s'organise. C'est un atelier qu'il veut donner à voir, le poème lui-même est un objet dont il révèle l'élaboration et le fonctionnement. Aucun plan préalable : comme dans toute écriture à processus, l'instrument de contrôle est la relecture : « [...] au fond ce qui importe n'est-ce pas de saisir le nœud ? Lorsque j'aurai écrit plusieurs pages, en les relisant j'apercevrai l'endroit où se trouve ce nœud, où est l'essentiel, la qualité de l'oiseau. » La version finale du texte ne lui paraît plus suffisante, il veut publier « l'histoire complète de sa recherche, le journal de son exploration ».

Ponge a gardé le dossier du *Savon* pendant plus de vingt ans, de 1942 à 1967, y travaillant par à-coups, pour finalement en faire une émission de radio. Il le publie ensuite au complet, avec toutes les versions successives, en un livre de cent vingt-huit pages. *Le Savon* traite de la parole telle qu'elle doit être. Ponge se méfiait du langage quotidien, usé et qui ne veut plus rien dire ; il le compare ailleurs à « un tas de vieux chiffons pas à prendre avec des pincettes[2] ». Pour rendre à la parole sa pureté et son efficacité, il faut une « toilette intellectuelle ». Le texte sur le savon a le même pouvoir nettoyant sur l'esprit que le savon sur le corps. C'est le poème (écrit) qui restaure le contact avec la réalité et permet une parole purifiée.

---

1. Ce livre, publié en 1970, contient des reproductions de manuscrits, des transcriptions et des illustrations.

2. « Les raisons d'écrire », *Proêmes*, Gallimard, 1948, p. 162.

Le Savon, premier extrait

Le Savon

Coligny, juin 1943.

THÈME ABSTRAIT
(Notion de la toilette intellectuelle)

Si je voulais montrer que la pureté ne s'obtient pas par le silence[1], mais par n'importe quel exercice de la parole (dans certaines conditions, un certain petit objet dérisoire[2] tenu en mains), suivi d'une catastrophe subite d'eau pure,

Quel objet conviendrait-il mieux que le savon ?

*

Violente envie de faire toilette.

Cher lecteur, je suppose que tu as parfois envie de faire toilette ?

Pour ta toilette intellectuelle, lecteur, voici un texte sur le savon.

*

Coligny, juin 1943.

… Voici donc, cher lecteur, pour ta toilette intellectuelle (si tu es de mes amis, tu en sens parfois impérieusement le besoin), voici un petit morceau de *vrai savon*[3].

---

1. Le silence a probablement été une tentation de Ponge qui se méfiait des paroles et, dans sa jeunesse, communiquait difficilement.
2. Pour Ponge, tous les « petits objets dérisoires » ont une valeur purificatrice. D'une certaine façon, le savon les symbolise tous.
3. En 1943, dans la France occupée, le « vrai savon » était rare et précieux.

C'est que l'homme, en effet, ne peut se décrasser à l'eau simple, serait-ce sous des torrents à s'y noyer, ni au vent frais, si parfumé soit-il, ni par le silence, ni par la prière (serait-ce, dans le Jourdain [1], immergé jusqu'à la ceinture), ni par le suicide en la plus noire source (malgré toutes sortes de préjugés courant là-dessus).

Il y faut – et il y suffit, mais il y faut – dans la main (dans la bouche) quelque chose de plus matériel et peut-être de moins naturel, quelque chose d'artificiel et de volubile, quelque chose à la fois qui se déploie, se développe et qui se perde, s'exténue dans le même temps. Quelque chose qui ressemble beaucoup à la parole employée dans certaines conditions…

… En un mot : *un petit morceau de savon.*

Il y faut ce noyau de brouillard azuré. Ce tourbillon de très fragiles sphères.

Cette prestigieuse (prestidigiticieuse) mise en scène derrière laquelle disparaît la mémoire.

La mémoire de toute saleté se dissout et certainement la plus mauvaise solution en cette matière, consiste à ce que votre idée fixe ou celle de vos parents vous mène en laisse à vous tremper, les bras en croix, dans quelque fade affluent de la Mer Morte [2].

Peau neuve ! Place nette !

*

1. ***Jourdain*** : fleuve du Moyen-Orient qui se jette dans la mer Morte. Selon la Bible, le Christ a été baptisé dans l'eau du Jourdain par le prophète Jean-Baptiste.

2. Nouvelle allusion antireligieuse à l'eau du baptême.

Le Savon, deuxième extrait

Coligny, le 6 juillet 1943.

THÈME (sec et modeste dans sa soucoupe) et VARIATIONS (volumineuses et nacrées) sur

LE SAVON (suivi d'un paragraphe de rinçage à l'eau simple[1]).

Pour la toilette intellectuelle, un petit morceau de savon, bien manié, suffit. Où des torrents d'eau simple ne décrasseraient rien.

Ni le silence, ni ton suicide en la plus noire source, ô jeune homme absolu.

Le Savon, troisième extrait

PRÉLUDE AU SAVON

Pour la toilette intellectuelle, un petit morceau de savon. Bien manié suffit. Où des torrents d'eau simple ne décrasseraient rien. Ni le silence. Ni ton suicide en la plus noire source, ô lecteur absolu.

À rien ne sert de vivre sous la pompe. Qu'à hoqueter. Et le triomphe de l'absurde en cette espèce n'est-il pas de se ceindre d'une eau qui fuit vers la Mer Morte, les bras croisés.

Mieux vaut, crois-moi, dans la moindre cuvette… Mais vois-la, justement, sous le robinet, qui déborde d'impatience à délier la langue sèche du savon.

---

1. Plus haut, Ponge a écrit : « […] Il me suffirait d'un paragraphe de raison (ou d'ironie) pure pour nettoyer, dissoudre et rincer tout cela. »

Le texte qui précède immédiatement, déclamé lentement, c'est-à-dire, en l'espèce, soigneusement calligraphié[1]*, me parut suffisamment achevé pour que je l'envoie à mes deux meilleurs amis d'alors, Albert Camus*[2] *et Jean Paulhan*[3]*.*

De Paulhan, je ne reçus pas de réponse. Mais bientôt de Camus, celle-ci :

Extrait d'une lettre d'Albert Camus[4] :

« Quant au *savon*, vos intentions m'échappent un peu, alors que d'habitude, elles sont *très claires* pour moi. Il y a peut-être un excès d'ellipse, je ne me rends pas bien compte. Peut-être, sans rien sacrifier à l'essentiel, pourriez-vous assouplir les charnières, huiler les conjonctions. Le texte n'est pas à changer cependant. Mais vous y voyez plus clair que moi. [...] »

Francis Ponge, *Le Savon*,
 respectivement p. 29-31, 32 et 36-37.

L'écrivain juge son travail

Gustave Flaubert aux prises avec *Salammbô*

En 1856, Flaubert avait publié *Madame Bovary*. Ce premier roman se situait dans la Normandie contemporaine. Certaines scènes furent jugées scandaleuses par la censure et Flaubert dut comparaître devant un tribunal correctionnel pour « avoir attenté aux bonnes

---

1. Voilà une des correspondances établies dans le texte entre l'oral et l'écrit.
2. Albert Camus (1913-1960) fut romancier et philosophe. Son œuvre est centrée sur l'attitude que l'homme doit avoir face à l'absurdité du monde.
3. Jean Paulhan (1884-1968) fut écrivain et directeur d'une revue importante, la *Nouvelle Revue française*, doublée d'une maison d'édition (les futures éditions Gallimard).
4. Ponge n'hésite pas à inclure dans l'histoire de son texte l'appréciation, plutôt négative, de Camus.

mœurs et à la religion ». Acquitté mais irrité par le monde dans lequel il vit, il choisit pour son futur roman un cadre et un sujet complètement différents de ceux de *Madame Bovary* : Carthage, une civilisation restée très mystérieuse, au IIIe siècle av. J.-C., au cours d'une révolte de mercenaires. Les extraits de lettres qui suivent montrent comment son travail progresse.

18 mars 1857

Je vais écrire un roman dont l'action se passera trois siècles avant Jésus-Christ, car j'éprouve le besoin de sortir du monde moderne, où ma plume s'est trop trempée et qui d'ailleurs me fatigue autant à reproduire qu'il me dégoûte à voir.

fin mai 1857

Voilà 53 [1] ouvrages différents sur lesquels j'ai pris des notes depuis le mois de mars ; j'étudie maintenant l'art militaire [...]. Quant au paysage, c'est encore bien vague. Je ne sens pas encore le côté religieux. La psychologie se cuit tout doucement. Mais c'est une lourde machine à monter, mon cher vieux. Je me suis jeté là dans une besogne bougrement difficile. Je ne sais quand j'aurai fini, ni même quand je commencerai.

28 juin 1857

Voici une petite liste de questions sur Carthage.

Pouvez-vous [2] les envoyer à vos amis de Tunis ?

Croyez-vous que je puisse avoir des réponses précises ?

Fin juin ou début juillet 1857

J'ai bientôt lu tout ce qui se rapporte à mon sujet de près ou de loin. – Et bien que tu m'accuses d'ignorance crasse en

---

1. Les soulignements sont de Flaubert.

2. Les lettres sont adressées à des correspondants différents, ce qui explique l'alternance du tutoiement et du vouvoiement.

botanique, je te foutrai une flore tunisienne et méditerranéenne très exacte, mon vieux. – Mais il faut auparavant l'apprendre.

22 juillet 1857

Je vais, dans une quinzaine, me mettre à du neuf. C'est une histoire qui se passe 240 ans avant Jésus-Christ. J'en ai une angoisse terrible et vague, comme lorsqu'on s'embarque pour un long voyage. En reviendra-t-on ? Qu'arrivera-t-il ? On a peur de s'en aller et pourtant on brûle de partir.

Fin juillet 1857

Non ! Mon bon ! Pas si bête ! Je ne te montrerai rien de *Carthage* [1] avant que la dernière ligne n'en soit écrite, parce que j'ai bien assez de mes doutes sans avoir par-dessus ceux que tu me donnerais. Tes observations me feraient perdre la boule.

6 août 1857

Depuis six semaines, je recule comme un lâche devant *Carthage*. J'accumule notes sur notes, livres sur livres, car je ne me sens pas en train. Je ne vois pas nettement mon objectif. Pour qu'un livre « sue » la vérité, il faut être bourré de son sujet jusque par-dessus les oreilles. Alors la couleur vient tout naturellement, comme un résultat fatal et comme une floraison de l'idée même.

12 décembre 1857

J'ai été assez mal depuis ma dernière lettre. J'ai entrepris un maudit travail où je ne vois que du feu et qui me désespère. Je sens que je suis dans le faux, comprenez-vous ? et que mes personnages n'ont pas dû parler comme cela. Ce n'est pas une petite ambition que de vouloir entrer dans le cœur des hommes, quand ces hommes vivaient il y a plus de deux mille ans et dans une civilisation qui n'a rien à voir avec la nôtre.

---

1. Titre provisoire du roman, que Flaubert intitulera finalement *Salammbô*.

23 janvier 1858

Il faut absolument que je fasse un voyage en Afrique. Aussi, vers la fin de mars, je retournerai au pays des dattes. J'en suis tout heureux ! Je vais de nouveau vivre à cheval et dormir sous la tente. Quelle bonne bouffée d'air je humerai en montant, à Marseille, sur le bateau à vapeur ! Ce voyage du reste sera court. J'ai seulement besoin d'aller à Kheff (à trente lieues[1] de Tunis) et de me promener aux environs de Carthage dans un rayon d'une vingtaine de lieues pour connaître à fond les paysages que je prétends décrire. Mon plan est fait et je suis au tiers du second chapitre. Le livre en aura quinze. Vous voyez que je suis bien peu avancé.

1er mai 1858

Je me couche tard et je me lève de grand matin. Je dors comme un caillou, je mange comme un ogre et je bois comme une éponge. [...] Je pars dans deux heures pour Utique[2] où je resterai deux jours, après quoi j'irai m'installer pendant trois jours à Carthage même, où il y a beaucoup à voir, quoi qu'on dise.

20 juin 1858

Je t'apprendrai que *Carthage* est complètement à refaire, ou plutôt à faire. Je démolis tout. C'était absurde ! impossible ! faux !

Je crois que je vais arriver au ton juste. Je commence à comprendre mes personnages et à m'y intéresser. C'est déjà beaucoup. Je ne sais quand j'aurai fini ce colossal travail. Peut-être pas avant deux ou trois ans. D'ici là, je supplie tous les gens qui m'aborderont de ne pas m'en ouvrir la bouche[3]. J'ai même envie d'envoyer des billets de faire part, pour annoncer ma mort.

---

1. ***Trente lieues*** : environ cent vingt kilomètres. La lieue est une ancienne unité de mesure qui valait près de quatre kilomètres.

2. Ville antique de Tunisie, située au nord-ouest de Carthage.

3. ***De ne pas m'en ouvrir la bouche*** : de ne pas m'en parler.

Mon parti est pris. Le public, l'impression[1] et le temps n'existent plus ; en marche !

4 septembre 1858

Je me couche tous les soirs exténué comme un manœuvre qui a cassé du caillou sur les grandes routes. Voilà trois mois que je n'ai bougé de mon fauteuil que pour me plonger dans la Seine, quand il faisait chaud. Et le résultat de tout cela consiste en un chapitre ! pas plus ! Encore n'est-il pas fini. J'en ai encore au moins une dizaine à faire, je ne sais rien du dehors et ne lis rien d'étranger à mon travail.

Milieu d'octobre 1858

J'ai à peu près écrit trois chapitres de *Carthage*, j'en ai encore une dizaine, tu vois où j'en suis. Il est vrai que le commencement était le plus rude. Mais il faut que j'en aie encore fait deux pour que je voie la mine que ça aura. Ça peut être bien beau mais ça peut aussi être très bête.

3 décembre 1858

Je travaille raide, jusqu'à 4 heures du matin toutes les nuits. Ça commence à marcher, c'est-à-dire à m'amuser, ce qui est bon signe. La solitude me grise comme de l'alcool. Je suis d'une gaieté folle sans motifs, et je gueule[2] tout seul de par les appartements de mon logis, à me casser la poitrine. Tel est mon caractère.

26 décembre 1858

Tous les jours je me lève à midi et je me couche à 4 heures du matin. Un ours blanc n'est pas plus solitaire et un dieu n'est pas plus calme. Il était temps ! Je ne pense plus qu'à *Carthage* et c'est ce qu'il faut. Un livre n'a jamais été pour moi qu'une manière de vivre

1. ***L'impression*** : le moment où le livre sera imprimé et publié.
2. C'est la méthode de Flaubert, qui relit ses phrases à pleine voix (il les passe au « gueuloir ») et les juge quand il les entend (voir présentation, p. 14).

dans un milieu quelconque. Voilà ce qui explique mes hésitations, mes angoisses et ma lenteur.

18 juillet 1859

J'aurai dans une quinzaine fini mon V^{e} chapitre : restent encore dix ! Et avant de passer au VIe, je vais revenir sur le IVe qui décidément m'embête.

30 septembre 1859

Si vous tenez à savoir ce que je fais, apprenez que je suis au milieu des éléphants et des batailles. J'éventre des hommes avec prodigalité. Je verse du sang. Je fais du style cannibale. Voilà.

29 novembre 1859

Quelquefois, je me sens épuisé et las jusque dans la moelle des os, et je pense à la mort avec avidité, comme un terme à toutes ces angoisses. Puis ça remonte tout doucement. Je me re-exalte et je retombe – toujours ainsi.

Quand on lira *Salammbô*[1] on ne pensera pas, j'espère, à l'auteur ! Peu de gens devineront combien il a fallu être triste pour entreprendre de ressusciter Carthage !

Fin avril 1861, Flaubert, qui se trouve à Paris, invite des amis à une lecture de *Salammbô*.

Paris, 30 avril 1861

C'est lundi qu'aura lieu la solennité. Grippe ou pas, tant pis ! Merde !

Et je vous demande pardon de vous avoir fait attendre si longtemps.

---

1. À ce stade, le livre a trouvé son titre définitif, qui est aussi le nom de l'héroïne.

Voici le programme :

1° Je commencerai à hurler à 4 heures juste. – Donc venez vers 3 ;

2° À sept heures, dîner oriental. On vous y servira de la chair humaine, des cervelles de bourgeois et des clitoris de tigresse sautés au beurre de rhinocéros ;

3° Après le café, reprise de la gueulade punique[1] jusqu'à crevaison des auditeurs.

Ça vous va-t-il ?

4 juin 1861

Quant à moi j'ai repris mon assommant chapitre XII ! Plein d'explications politiques et de petites choses au troisième plan. – Ce qui fait que j'écris plus lentement encore que d'habitude.

17 août 1861

Oui, on m'engueulera, tu peux y compter. Salammbô 1° embêtera les bourgeois, c'est-à-dire tout le monde ; 2° révoltera les nerfs et le cœur des personnes sensibles ; 3° irritera les archéologues ; 4° semblera inintelligible aux dames ; 5° me fera passer pour pédéraste et anthropophage. Espérons-le !

J'arrive aux tons un peu foncés. On commence à marcher dans les tripes et à brûler les moutards[2].

27 septembre 1861

Puisque vous vous intéressez à cet interminable travail, je vais vous en donner des nouvelles. Il me reste encore à écrire la fin d'un chapitre : 2° le chapitre XIV et 3° le chapitre XV qui sera très court. Bref, j'espère en être débarrassé dans le courant de janvier

1. ***Punique*** : carthaginoise.
2. *Salammbô* met en scène des sacrifices d'enfants.

et je vous dirai bassement que j'aspire à cette époque avec une grande violence. Je n'en peux plus : le siège de Carthage que je termine maintenant m'a achevé, les machines de guerre me scient le dos !

14 avril 1862

J'ai encore 5 pages pour avoir complètement fini. Elles ne sont pas les plus faciles. – Et je n'en peux plus. Voilà juste cinq ans que je travaille à cet interminable bouquin.

Samedi 12 juillet 1862

Je suis enfin débarrassé de *Salammbô*. La copie est à Paris depuis lundi dernier, mais je n'ai jusqu'à présent rien conclu quant à la vente de ce fort colis.

Gustave Flaubert, *Correspondance*, éd. J. Bruneau,

t. II, 1980 ; t. III, 1991.

Pour la publication de *Salammbô*, Flaubert est exigeant : il demande notamment à Michel Lévy, qui a publié *Madame Bovary*, d'accepter le manuscrit de son deuxième roman sans le lire (« Il doit acheter mon nom et rien que cela », écrit-il) et de le publier sans aucune illustration. L'éditeur finit par accepter. Le livre paraît en novembre 1862. Bien que les critiques soient mitigées, deux mille exemplaires sont vendus en deux jours.

■ Émile Zola : comment on défend ses méthodes de travail

Lorsque *Germinal* paraît, Zola doit se défendre contre les reproches qui lui seront toujours faits : celui de noircir la situation sociale et celui d'insister sur des détails scabreux ou sanglants. Pour répondre, il se fonde sur la précision de ses dossiers documentaires : il ne décrit que la réalité et peut le prouver.

Cher monsieur Magnard [1],

[...] Je lis ce matin l'article de M. Henri Duhamel. Il me reproche d'avoir imaginé une femme travaillant au fond de la mine, lorsque lui-même établit que jusqu'en 1874 le fait a eu lieu en France, comme il a lieu aujourd'hui encore en Belgique. Or mon roman se passe de 1868 à 1869. Dès lors, n'étais-je pas libre d'utiliser le fait existant, pour les besoins de mon drame ? Il prétend, il est vrai, que mon roman n'a pas sa vraie date, que ma grève est la grève qui a éclaté l'année dernière à Anzin. C'est là une erreur profonde car il suffit de lire : j'ai pris et résumé toutes les grèves qui ont ensanglanté la fin de l'Empire, vers 1869, particulièrement celles d'Aubin et de Ricamarie [2]. On n'a qu'à se reporter aux journaux de l'époque. Au demeurant, puisque M. Duhamel accorde que deux cents femmes descendaient encore en 1868, il me semble que j'avais bien le droit d'en faire descendre au moins une en 1866.

Même réponse au sujet des salaires. Nous sommes vers la fin de l'Empire, et en temps de crise industrielle. J'affirme que les salaires à ce moment étaient bien ceux que j'ai indiqués. J'ai entre les mains les preuves, qu'il serait trop long de donner ici.

Enfin j'arrive à la fameuse accusation d'avoir traité les mineurs comme un ramassis d'ivrognes et de débauchés. M. Duhamel défend la propreté et la moralité des corons. Je ne puis que le renvoyer à mon livre. J'ai dit que les corons étaient tenus par les ménagères avec une propreté flamande, sauf les exceptions : voilà pour le reproche de saleté exagérée.

Quant à la promiscuité fatale, à l'immoralité qui tient aux conditions mêmes de l'existence, j'ai dit que sur dix filles huit

1. Directeur du *Figaro*, où avait paru, le matin même (4 avril 1885), l'article d'Henri Duhamel.

2. Alors qu'Anzin se situe dans le Nord, Aubin se trouve dans l'Aveyron et La Ricamarie dans la Loire. C'est à Anzin que Zola était allé se documenter en 1884.

épousaient leurs amants, quand elles étaient mères, et j'ai dit encore que, dans les ménages où l'on prenait un pensionnaire, un « logeur », il arrivait une fois sur deux que l'aventure tournait au ménage à trois. Telle est la vérité, que je maintiens. Qu'on ne me contredise pas avec des raisons sentimentales ; qu'on veuille bien consulter les statistiques, se renseigner sur les lieux et l'on verra si j'ai menti. Hélas ! j'ai atténué. La misère sera bien près d'être soulagée, le jour où on la connaîtra dans ses hontes et dans ses souffrances.

Me pardonnera-t-on cette défense ? Depuis un mois on m'accuse ainsi de fantaisie ordurière et de mensonges voulus sur de pauvres gens, qui m'ont empli les yeux de larmes. À chaque accusation je pourrais répondre par un document. [...]

Émile Zola, *Correspondance*,
Presses de l'Université de Montréal / CNRS,
t. V, 1985, p. 253-254 ; lettre du 4 avril 1885.

■ Georges Perec, la meilleure méthode : écrire chaque jour

Georges Perec, qui tente d'écrire son premier roman, distingue deux tendances dans le groupe de jeunes écrivains auquel il appartient, l'Oulipo[1] : l'une, celle de l'ami à qui il écrit, « qui est la tendance encyclopédique : tout ou rien, qui va lento va sano, tournons sept fois la langue dans la bouche avant de dire quoi que ce soit », l'autre, à laquelle lui-même se rattache, « qui désire que les gensses[2] écrivent, tout de suite, même n'importe quoi, uniquement pour faire leurs preuves (si l'on peut dire) et se persuader de l'excellence du geste d'écrire ».

Dans le cas contraire :

---

1. ***Oulipo*** : voir note 2, p. 27.
2. ***Gensses*** : mis pour « gens ».

[…] on en arrive purement et simplement à une espèce de crampe : la crampe du non-écrivain [1], si j'ose dire (j'ose), sorte d'inhibition ou complexe bénin dont tu souffris quelque temps, d'ailleurs, et qui est d'autant plus déplorable que 1° elle est inutile (stérile) et que 2° elle débouche sur des difficultés plus graves (du genre de celles que tu ressentais, on se demande bien pourquoi, en face du groupe, imaginant que tu ne pouvais pas parler, t'exprimer, sortir des choses sensées, articuler, déglutir, etc.). En d'autres termes, je crois qu'il est plus facile de corriger un mauvais texte que un pas de texte du tout. C'est l'évidence même. Si j'ai aujourd'hui la joie de pouvoir espérer prochainement être publié, c'est que, pendant 4 ans, j'ai accumulé sans vergogne des paperasses d'un goût douteux. Je ne dis pas que ma méthode soit la bonne, mais j'affirme qu'elle est préférable au silence pudibond. Écrire tous les jours, génie ou pas.

Correspondance Georges Perec et Jacques Lederer,
Flammarion, 1997, p. 515 ;
lettre du 16 octobre 1959.

La phase éditoriale

L'écrivain et son éditeur

■ Marcel Proust et ses additions sur épreuves

Proust avait quitté son premier éditeur, Grasset, pour rejoindre les éditions de la Nouvelle Revue française, dirigées par Gaston Gallimard. Il ne manque pas de rappeler ce fait à Gallimard dans les moments de conflit, comme celui-ci : Proust s'est plaint que ses livres n'étaient pas imprimés assez vite. Parmi d'autres arguments,

1. La crampe de l'écrivain est causée par les gestes de l'écriture ; elle l'empêche d'écrire. On emploie aussi l'expression par plaisanterie à propos de quelqu'un qui écrit trop.

Gallimard répond : « Il ne faut pas vous dissimuler d'ailleurs que la composition [1] de vos manuscrits est très difficile. » Proust, un peu vexé, défend sa manière d'écrire en faisant de longs ajouts sur épreuves.

[...] Cher ami et éditeur, vous paraissez me reprocher mon système de retouches. Je reconnais qu'il complique tout [...]. Mais quand vous m'avez demandé de quitter Grasset pour venir chez vous, vous le connaissiez, car vous êtes venu avec Copeau [2] qui, devant les épreuves remaniées de Grasset s'est écrié : « Mais c'est un nouveau livre ! » Je m'excuse auprès de vous de deux façons, la première en disant que toute qualité morale a pour fonction une différence matérielle. Puisque vous avez eu la bonté de trouver dans mes livres quelque chose d'un peu riche qui vous plaît, dites-vous que cela est dû précisément à cette surnourriture que je leur réinfuse en vivant, ce qui matériellement se traduit par ces ajoutages. Dites-vous aussi que si vous m'avez donné une grande preuve d'amitié en me demandant mes livres, c'est aussi par amitié que je vous les ai donnés. [...]

Marcel Proust, Gaston Gallimard, *Correspondance*,
© Gallimard, 1989, p. 165 ;
lettre du 18 ou 19 mai 1919.

---

1. Voir présentation, note 2, p. 10-11.

2. Jacques Copeau (1879-1949) fut directeur de théâtre et collaborateur de la *Nouvelle Revue française*.

due, je vais lui demander de dégrafer mon corsage pendant que tu vas te déshabiller. » Et ma mère ouvrit la porte treillagée du vestibule qui donnait sur l'escalier. Bientôt, j'entendis ~~ma mère~~ qui montait fermer sa fenêtre. J'allai sans bruit dans le couloir ; mon cœur battait si fort que j'avais de la peine à avancer, mais du moins il ne battait plus d'anxiété, mais d'épouvante et de joie. Je vis dans la cage de l'escalier la lumière projetée par la bougie de maman. Puis je la vis elle-même ; je m'élançai. A la première seconde, elle me regarda avec étonnement, ne comprenant pas ce qui était arrivé. Puis sa figure prit une expression de colère, elle ne me disait même pas un mot, et en effet pour bien moins que cela on ne m'adressait plus la parole pendant plusieurs jours. Si maman m'avait dit un mot, ç'aurait été admettre qu'on pouvait me reparler et d'ailleurs cela peut-être m'eût paru plus terrible encore, comme unsigne que devant la gravité du châtiment qui allait se préparer, le silence, la brouille, eussent été puérils. Une parole c'eût été le calme avec lequel on répond à un domestique quand on vient de décider de le renvoyer ; le baiser qu'on donne à un fils qu'on envoie s'engager alors qu'on le lui aurait refusé si on devait se contenter d'être fâché deux jours avec lui. Mais elle entendit mon père qui montait du cabinet de toilette où il était allé se déshabiller et pour éviter la scène qu'il me ferait, elle me dit d'une voix entrecoupée par la colère : « Sauve-toi, sauve-toi, qu'au moins ton père ne t'aie vu ainsi attendant comme un fou ! » Mais je lui répétais : « Viens me dire bonsoir », terrifié en voyant que le reflet de la bougie de mon père s'élevait déjà sur le mur, mais aussi usant de son approche comme d'un moyen de chantage et espérant que maman, pour éviter que mon père me trouvât encore là si elle continuait à refuser, allait me dire : « Rentre dans ta chambre, je vais venir. » Il était trop tard,

■ Cette page d'épreuves (N a fr 16755) correspond aux extraits du « drame du coucher » (voir p. 53-62). Elle est peu corrigée. Celle qui suit illustre mieux les méthodes de Marcel Proust.

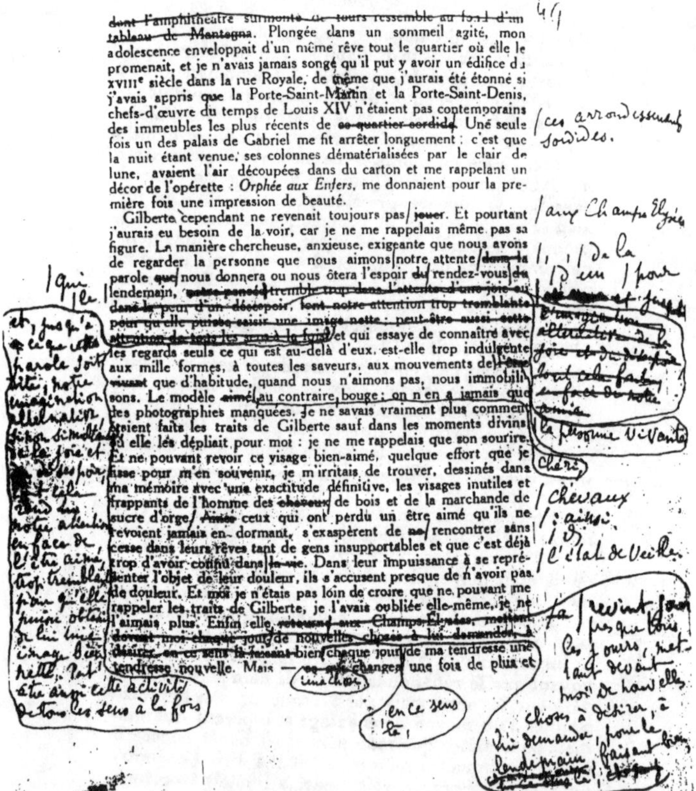
dont l'amphithéâtre surmonté de tours ressemble au fond d'un tableau de Mantegna. Plongée dans un sommeil agité, mon adolescence enveloppait d'un même rêve tout le quartier où elle le promenait, et je n'avais jamais songé qu'il put y avoir un édifice du XVIIIe siècle dans la rue Royale, de même que j'aurais été étonné si j'avais appris que la Porte-Saint-Martin et la Porte-Saint-Denis, chefs-d'œuvre du temps de Louis XIV n'étaient pas contemporains des immeubles les plus récents de ce quartier sordide. Une seule fois un des palais de Gabriel me fit arrêter longuement ; c'est que la nuit étant venue, ses colonnes dématérialisées par le clair de lune, avaient l'air découpées dans du carton et me rappelant un décor de l'opérette : *Orphée aux Enfers*, me donnaient pour la première fois une impression de beauté.

Gilberte cependant ne revenait toujours pas jouer. Et pourtant j'aurais eu besoin de la voir, car je ne me rappelais même pas sa figure. La manière chercheuse, anxieuse, exigeante que nous avons de regarder la personne que nous aimons notre attente dans la parole que nous donnera ou nous ôtera l'espoir du rendez-vous du lendemain, notre pensée tremble trop dans l'attente d'une joie ou dans la peur d'un désespoir, tient notre attention trop tremblante pour qu'elle puisse saisir une image nette ; peut-être aussi cette attention de tous les sens à la fois et qui essaye de connaître avec les regards seuls ce qui est au-delà d'eux, est-elle trop indulgente aux mille formes, à toutes les saveurs, aux mouvements de l'être vivant que d'habitude, quand nous n'aimons pas, nous immobilisons. Le modèle aimé au contraire, bouge ; on n'en a jamais que des photographies manquées. Je ne savais vraiment plus comment étaient faits les traits de Gilberte sauf dans les moments divins où elle les dépliait pour moi : je ne me rappelais que son sourire. Et ne pouvant revoir ce visage bien-aimé, quelque effort que je fisse pour m'en souvenir, je m'irritais de trouver, dessinés dans ma mémoire avec une exactitude définitive, les visages inutiles et frappants de l'homme des chevaux de bois et de la marchande de sucre d'orge. Ainsi ceux qui ont perdu un être aimé qu'ils ne revoient jamais en dormant, s'exaspèrent de ne rencontrer sans cesse dans leurs rêves tant de gens insupportables et que c'est déjà trop d'avoir connu dans la vie. Dans leur impuissance à se représenter l'objet de leur douleur, ils s'accusent presque de n'avoir pas de douleur. Et moi je n'étais pas loin de croire que ne pouvant me rappeler les traits de Gilberte, je l'avais oubliée elle-même, je ne l'aimais plus. Enfin elle retourna aux Champs-Élysées, mettant devant moi chaque jour de nouvelles choses à lui demander, à désirer en ce sens la faisant bien chaque jour de ma tendresse une tendresse nouvelle. Mais — ce qui changea une fois de plus et

■ Page d'épreuves d'*À l'ombre des jeunes filles en fleurs* (Rés mY²824).

■ Gustave Flaubert : faut-il accepter des coupures ?

Avant d'être édité en volume, *Madame Bovary* parut dans la *Revue de Paris* ; le roman fut réparti sur six numéros. Le responsable de la revue, Léon Laurent-Pichat, craignait que la publication de *Madame Bovary* lui attirât un procès. Il proposa de supprimer les scènes les plus compromettantes. Flaubert accepta une première suppression mais refusa les suivantes.

À Léon Laurent-Pichat
[Paris] dimanche [7 décembre 1856].

Mon cher Ami,

Je vous remercie d'abord de vous mettre hors de cause[1] ; ce n'est donc pas au poète Laurent-Pichat que je parle, mais à la *Revue*, personnage abstrait, dont vous êtes l'interprète. Or, voici ce que j'ai à répondre à la *Revue de Paris* :

1° Elle a gardé pendant trois mois *Madame Bovary* en manuscrit, et, avant d'en imprimer la première ligne, elle devait savoir à quoi s'en tenir sur ladite œuvre. C'était à prendre ou à laisser. Elle a pris, tant pis pour elle ;

2° Une fois l'affaire conclue et acceptée, j'ai consenti à la suppression d'un passage fort important, selon moi, parce que la *Revue* m'affirmait qu'il y avait danger pour elle. Je me suis exécuté de bonne grâce ; mais je ne vous cache pas (c'est à mon ami Pichat que je parle) que ce jour-là, j'ai regretté amèrement d'avoir eu l'idée d'imprimer.

Disons notre pensée entière ou ne disons rien ;

3° Je trouve que j'ai déjà fait beaucoup et la *Revue* trouve qu'il faut que je fasse encore plus. Or *je ne ferai rien*, pas une correction, pas un retranchement, pas une virgule de moins, rien, rien !... Mais si la *Revue* trouve que je la compromets, si elle a peur, il

1. Flaubert précise que ce n'est pas une attaque personnelle.

y a quelque chose de bien plus simple, c'est d'arrêter là *Madame Bovary* tout court. Je m'en moque parfaitement.

Maintenant que j'ai fini de parler à la *Revue*, je me permettrai cette observation, ô ami :

En supprimant le passage du fiacre[1], vous n'avez rien ôté de ce qui scandalise, et en supprimant, dans le sixième numéro, ce qu'on me demande, vous n'ôterez rien encore.

Vous vous attaquez à des détails, c'est à l'ensemble qu'il faut s'en prendre. L'élément brutal est au fond, non à la surface. On ne blanchit pas les nègres[2] et on ne change pas le *sang* d'un livre. On peut l'appauvrir, voilà tout.

Il va sans dire que si je me brouille avec la *Revue de Paris*, je n'en reste pas moins l'ami de ses rédacteurs.

Je sais faire, dans la littérature, la part de l'administration.

Tout à vous.

G[3].

Gustave Flaubert, *Correspondance*, éd. J. Bruneau,
© Gallimard, coll. « Bibliothèque de la Pléiade »,
t. II, 1980, p. 649-650.

Laurent-Pichat maintint son point de vue et effectua des coupures dans la dernière partie de *Madame Bovary*. Flaubert fit alors précéder son texte mutilé de l'avertissement suivant : « Des considérations que je n'ai pas à apprécier ont contraint la *Revue de Paris* à faire une suppression dans le numéro du 1er décembre. Ses scrupules s'étant renouvelés à l'occasion du présent numéro, elle a jugé utile d'enlever encore plusieurs passages. En conséquence, je déclare

1. Il s'agit d'une scène d'adultère dans un fiacre. Flaubert ne décrit pas la scène d'amour mais seulement le parcours du fiacre, « une voiture à stores tendus, et qui apparaissait ainsi continuellement, plus close qu'un tombeau et ballottée comme un navire ».

2. À l'époque de Flaubert, le terme n'était pas considéré comme péjoratif.

3. « G » est mis pour Gustave.

dénier la responsabilité des lignes qui suivent ; le lecteur est donc prié de n'y voir que des fragments et non pas un ensemble. » Malgré ces suppressions, Flaubert, Laurent-Pichat et l'imprimeur durent comparaître devant un tribunal correctionnel. Ils furent acquittés et Flaubert dédia l'édition en volume de *Madame Bovary* à son avocat.

■ Louis-Ferdinand Céline : qui éditera *Voyage au bout de la nuit* ?

Louis-Ferdinand Céline (1894-1961) est l'auteur de grands romans lyriques, le créateur d'un style original, imagé, chaotique, souvent proche du langage parlé. Pourtant, son nom provoque un malaise car il a aussi écrit, entre 1937 et 1941, des pamphlets antisémites et xénophobes presque délirants, qu'il n'a jamais reniés. L'épisode évoqué par Pierre Assouline se situe avant la révélation de l'antisémitisme de Céline.

Ils sont moins de dix à faire tourner cette maison d'édition en laquelle personne ne croit, dans la profession, en 1930 : Robert Denoël qui lit tous les manuscrits (lui et lui seul), sa secrétaire, un comptable, un chef de fabrication qui deviendra après la guerre un écrivain célèbre (René Barjavel), un maquettiste, un emballeur, un secrétaire de fabrication, un représentant pour Paris et un autre pour la province. C'est tout. [...]

Un soir, en rentrant du théâtre, Denoël trouve sur sa table un énorme paquet enveloppé dans un journal. Un second papier, portant une marque d'éditeur, emballe ce méchant colis constitué de trois gros manuscrits, 900 pages en tout... Il y a bien un titre – *Voyage au bout de la nuit* – mais pas de signature ni d'adresse. Malgré l'heure avancée, Denoël s'immerge dans cet amas de papiers. Le coup de foudre est immédiat : l'éditeur est « suffoqué par cette liberté de ton, ce lyrisme si fort, si nouveau ». À l'aube il lit encore, « épuisé de fatigue mais fou d'enthousiasme ». Incapable de trouver le sommeil, il achève sa lecture et dans l'après-midi se met à la recherche de l'auteur.

La même semaine, ce manuscrit est aussi envoyé chez Gallimard[1]. L'auteur, Louis-Ferdinand Destouches, dit Céline, n'y est pas tout à fait inconnu. [...]

Les membres du comité de lecture[2] de la maison Gallimard discutent du roman pendant huit jours.

Le débat est long et controversé. Pendant ce temps, Denoël s'active. Mais comment retrouver un écrivain dont on ne connaît pas le nom ? Il tente par tous les moyens de récupérer les emballages du manuscrit et les retrouve après avoir fouillé plusieurs poubelles. Il est déçu et intrigué : il y a bien un nom mais c'est celui d'une dame, auteur de romans à l'eau-de-rose qu'il a déjà refusés. Ce ne peut pas être elle, l'écrivain du *Voyage*, c'est impossible. Dans le doute, il la convoque et lui montre le paquet et l'emballage :

« C'est vous, l'auteur ? hasarde Denoël.

– L'auteur de ça ? Quelle horreur ! C'est de mon voisin de palier, le docteur Destouches. »

Denoël tient enfin son écrivain et réalise le malentendu : cette dame et Destouches utilisant les services de la même femme de ménage, celle-ci récupère indifféremment les vieux papiers d'emballage de l'un pour l'autre et elle les a d'abord pris pour y mettre ses pantoufles... Aussitôt, l'éditeur envoie un pneumatique[3] enthousiaste à Destouches qui le reçoit peu avant une lettre de Gallimard au ton mitigé, qui veut bien prendre le livre à

---

1. Gaston Gallimard, l'éditeur de Proust, avait fondé sa maison d'édition en 1911 ; en 1930, elle était beaucoup plus importante que les éditions Denoël.
2. Le comité de lecture d'une maison d'édition se compose généralement d'écrivains et de critiques littéraires chargés de lire les manuscrits et de choisir ceux qui seront publiés.
3. ***Pneumatique*** : message rapide qui était propulsé par de l'air comprimé dans des tubes souterrains.

condition que l'auteur procède à des « allégements », des « remaniements ». […]

Entre l'éditeur qui dit « oui » tout de suite, et celui qui tarde à dire « oui, mais », Céline a fait son choix. C'est Denoël, même si celui-ci propose (en vain) peu après, lui aussi, « quelques allégements »… Plus tard, Céline résumera l'épisode en quelques mots :

« Gallimard a flairé mon ours [1]… Ce n'était pas ça !… ce n'était pas du tout ça ! Le gars Denoël a sauté dessus… »

Très vite, Céline rend visite à Denoël, impressionné par « cet homme aussi extraordinaire que son livre », qui lui raconte : cinq ans de travail… 20 000 pages récrites, refondues, recommencées… des contacts décevants avec des éditeurs… l'envoi du manuscrit à Gallimard malgré tout… et à Denoël à cause du succès d'*Hôtel du Nord*, de Dabit [2]…

De plus en plus enthousiaste malgré l'épaisseur du livre – 625 pages imprimées –, Robert Denoël se met en campagne. Il envoie des épreuves à trois revues, alimente la rumeur parisienne, lit des extraits du « livre » à la plupart de ses visiteurs, se répand dans toutes les chambres d'échos de la capitale sur la singularité, l'originalité et la puissance d'invention de ce nouvel écrivain. À la fin du mois d'octobre, les premiers articles paraissent, radicalement pour ou contre mais rarement tièdes. La campagne du Goncourt est amorcée, la publicité lancée mais il faut plus d'un mois pour vaincre les réticences du public, habitué à un autre ton, un langage différent et une technique narrative plus classique, surtout sur une telle longueur. […]

---

1. Céline transpose une expression à la mode au XIXe siècle : « Prenez mon ours » ; on l'employait quand on voulait à tout prix faire accepter quelque chose (ici le manuscrit) à quelqu'un (ici l'éditeur).

2. ***Hôtel du Nord*** est le premier roman d'Eugène Dabit. Il avait paru en 1929 chez Denoël et avait eu un succès immédiat.

Voyage au bout de la nuit manque de peu le prix Goncourt, mais obtient le prix Renaudot.

En deux mois, quelque mille articles lui sont consacrés, 50 000 exemplaires du *Voyage* s'arrachent, l'éditeur passe ses commandes dans trois imprimeries pour satisfaire la demande, quatorze pays achètent les droits de traduction, les commis-libraires font la queue rue Amélie[1].

Céline est lancé, le *Voyage* est le livre de l'année et Robert Denoël un grand éditeur à la tête d'une petite maison d'éditions.

Pierre Assouline, *Gallimard*,
© Balland, 1984, p. 200-203.

Texte publié et liberté de l'auteur

Anatole France : entre pessimisme et optimisme

Anatole France (1844-1924) fut le maître à penser de toute une génération. Il entra à l'Académie française et fut prix Nobel de littérature. Non seulement ses romans étaient très lus, mais il a exercé une influence importante comme critique littéraire, s'est intéressé de près aux travaux historiques, et, dans une moindre mesure, scientifiques de son temps. Son activité de journaliste ne s'est jamais interrompue ; de plus, il a pris clairement parti sur des questions politiques controversées.

En littérature, il était attaché à la tradition et s'inquiétait des théories nouvelles. Son jugement initial sur Zola est violent, viscéral : « Personne avant lui n'avait élevé un si haut tas d'immondices. C'est là son monument, dont on ne peut contester la grandeur. Jamais homme n'avait fait un pareil effort pour avilir l'humanité, insulter à toutes les images de la beauté et de l'amour [...]. Jamais homme n'avait à ce point méconnu l'idéal des

1. C'était l'adresse de la maison d'édition Denoël.

hommes. » Contre Zola, Anatole France défend sa propre conception de la littérature : des œuvres courtes (« On peut beaucoup dire en un petit nombre de pages »), qui créent la beauté, l'harmonie, et rendent la vie supportable : « Tout l'effort immense des civilisations aboutit à l'embellissement de la vie. Le naturalisme est bien inhumain : car il veut défaire ce travail de l'humanité entière. » Il reproche à Zola de fonder ses conceptions littéraires sur les sciences, au mépris de l'imagination. « Savoir n'est rien, imaginer est tout. Rien n'existe que ce qu'on imagine », dit l'un de ses personnages, une fée minuscule aperçue en rêve. Cependant, à mesure que Zola publie, Anatole France montre qu'il est capable de changer d'avis. Il reconnaît dans *La Débâcle* « un ouvrage tout à fait original, très puissant ». Et il ajoute : « J'ai vivement reproché jadis à M. Zola sa brutalité morne et sa tristesse étroite, quand il s'obstinait, lent et têtu, dans les sales coins de la civilisation et de la nature. Mais il faut reconnaître que l'intelligence de ce rude travailleur s'élargit et s'éclaire avec les années. »

L'influence littéraire et morale qu'Anatole France a exercée s'explique en partie par le rôle de sage indulgent qu'il s'était attribué. Dans *Le Crime de Sylvestre Bonnard*, le premier de ses romans qui eut du succès, le héros, un vieux savant perdu dans ses livres, accepte de renoncer à sa tranquillité pour recueillir une jeune fille orpheline. À ce moment, l'auteur n'a que trente-six ans, sa fille Suzanne est née un mois avant la parution du livre. Pourtant il adopte volontiers, dans ses articles, le ton de son personnage : un homme âgé, cultivé, sans illusions sur l'humanité mais paisible et compatissant. Plusieurs de ses héros sont, comme lui, des sceptiques (« Ils ne croient en rien ; cela les oblige à ne rien nier »). L'un des derniers et des plus proches de l'auteur, M. Bergeret, refuse, comme lui, tous les fanatismes : il s'en défend par l'ironie et la force de ses arguments. À la question « Comment changer le monde ? », M. Bergeret répond : « Par la parole [...]. C'est l'arme invincible. Sans cela, le monde appartiendrait aux brutes armées. » Anatole France, socialiste militant, s'intéresse aussi à ceux qui ignorent les livres :

Crainquebille, le marchand de quatre-saisons [1], Jeanne, la pupille de Sylvestre Bonnard, Thérèse, sa vieille gouvernante... À tous, savants ou non, l'auteur témoigne la même ironie bienveillante.

En politique, Anatole France n'a pas hésité à défendre des positions risquées, par souci des faibles et par dégoût de l'injustice. Au moment de l'affaire Dreyfus [2], il publie des articles contre l'antisémitisme et contre le fonctionnement de la justice militaire. L'affaire Dreyfus tiendra d'ailleurs une place importante dans l'œuvre de France, qui expose notamment ses idées par la bouche de M. Bergeret. Même dans le discours que celui-ci fait à son chien Riquet, on perçoit ce que l'auteur pense de ses contemporains antidreyfusards : « Tes oreilles velues entendent non celui qui parle le mieux, mais celui qui crie le plus fort. Et la peur, la peur naturelle, qui fut la conseillère de tes ancêtres et des miens, à l'âge des cavernes, la peur qui fit les dieux et les crimes, te détourne des malheureux et t'ôte la pitié. Et tu ne veux pas être juste. »

France fait partie des écrivains qui réécrivent et corrigent beaucoup. L'un des traits caractéristiques de sa manière d'écrire est la liberté qu'il garde face à ses textes publiés. Tous ses livres ont d'abord paru en feuilleton ou sous forme de nouvelles dans des journaux ou des revues. Il rassemble ensuite les futurs chapitres en volume et n'hésite pas alors à introduire des modifications importantes. Ainsi, entre la publication en revue du *Crime de Sylvestre Bonnard* et l'édition en volume, Jeanne est devenue bonne cuisinière. Le récit de Sylvestre Bonnard, dans l'édition originale, le montre bien : « Le dîner s'acheva, non sans grâce, quand la jeune fille en tablier blanc, mince et droite, apporta le plat d'œufs à la neige qu'elle avait apprêté. Dans leur bain d'or pâle, ils brillaient du plus candide éclat et répandaient une fine odeur de vanille. » Dans la

1. ***Marchand de quatre-saisons*** : marchand ambulant de fruits et de légumes.

2. Dreyfus était un officier juif qui, en 1894, fut injustement accusé d'espionnage et condamné à être déporté au bagne de l'Île au Diable ; il ne fut réhabilité qu'en 1906.

version publiée en revue[1], le nougat que préparait Jeanne était beaucoup moins réussi : « Il vint avec son poêlon faute d'avoir pu en sortir. J'invitai Jeanne à le servir elle-même, pensant l'embarrasser. Mais elle cassa le poêlon et en donna à chacun un morceau. Croire qu'à mon âge on mange des choses pareilles, c'est une idée qui ne peut entrer que dans une tête innocente. » Même liberté dans la composition : les chapitres de *M. Bergeret à Paris* sont réorganisés et paraissent en volume dans un ordre tout différent de celui de la revue. La phase éditoriale est pour France un moment d'élaboration intense.

La nouvelle intitulée *Crainquebille* est une critique acerbe de la justice et de la police ; quand il l'écrit, France lutte, parallèlement, pour obtenir la révision du procès Dreyfus. Elle paraît en cinq épisodes dans *Le Figaro*, fin 1900 et début 1901. Elle raconte comment un agent de police accuse à tort Crainquebille, un pauvre marchand de quatre-saisons, de lui avoir dit : « Mort aux vaches ! » Crainquebille passe en justice et, incapable de s'expliquer, est condamné à quinze jours de prison.

Le traitement de la nouvelle illustre la liberté que l'auteur garde parfois en face de son texte publié. La phase éditoriale peut se prolonger et comprendre plusieurs étapes. France fait varier la fin de *Crainquebille* en tirant parti de la publication en feuilleton, puis de la transposition de sa nouvelle pour le théâtre. D'autres auteurs profitent des rééditions successives pour enrichir ou transformer leur œuvre. Il y eut ainsi trois versions publiées des *Fleurs du mal*, de Baudelaire. Après la première édition, en 1857, six poèmes furent interdits pour immoralité. Baudelaire republia donc son œuvre en 1861, en supprimant les pièces condamnées mais en ajoutant trente-cinq poèmes nouveaux et en modifiant l'ordre des textes à l'intérieur du recueil. La mort l'empêcha de mener à bien la troisième version, encore enrichie, qu'il projetait. L'édition fut terminée par d'autres et parut en 1868.

---

1. On l'appelle « édition préoriginale ».

Première fin de *Crainquebille*

Dans un premier temps, Anatole France donne à cette histoire un dénouement plutôt heureux : l'aventure n'a guère marqué Crainquebille, qui reprend le cours de son existence. Cette première fin paraît dans le troisième épisode, daté du 5 décembre 1900.

Crainquebille, sorti de prison, poussait sa voiture rue Montmartre en criant : *Des choux, des navets, des carottes !* Il n'avait ni orgueil, ni honte de son aventure. Il n'en gardait pas un souvenir pénible. Cela tenait, dans son esprit, du théâtre, du voyage et du rêve. Il était surtout content de marcher dans la boue, sur le pavé de la ville, et de voir sur sa tête le ciel tout en eau et sale comme le ruisseau, le bon ciel de sa ville. Il s'arrêtait à tous les coins de rue pour boire un verre ; puis, libre et joyeux, ayant craché dans ses mains pour en lubrifier la paume calleuse, il empoignait les brancards et poussait la charrette, tandis que, devant lui, les moineaux, comme lui matineux [1] et pauvres, qui cherchaient leur vie sur la chaussée, s'envolaient en gerbe avec son cri familier : *Des choux, des navets, des carottes !* Une vieille ménagère, qui s'était approchée, lui disait en tâtant des céleris :

« Qu'est-ce qui vous est donc arrivé, père Crainquebille ? Il y a bien trois semaines qu'on ne vous a pas vu. Vous avez été malade ? Vous êtes un peu pâle.

– Je vas [2] vous dire, m'ame Mailloche, j'ai fait le rentier. »

Rien n'est changé dans sa vie, à cela près qu'il va chez le troquet plus souvent que d'habitude, parce qu'il a l'idée que c'est fête, et qu'il a fait connaissance avec des personnes charitables [3]. Il rentre un peu gai, dans sa soupente. Étendu dans le plumard, il ramène sur lui les sacs que lui a prêtés le marchand de marrons du coin et qui lui servent

1. ***Matineux*** : matinaux (vieilli).
2. ***Je vas*** : je vais (forme populaire).
3. Crainquebille avait aussi été condamné à une amende qu'une « personne charitable » avait payée à sa place.

de couverture, et il songe : « La prison, il n'y a pas à se plaindre ; on y a tout ce qu'il vous faut. Mais on est tout de même mieux chez soi. »

Deuxième fin de *Crainquebille*

Pour des raisons inconnues, France reprend le feuilleton et lui ajoute deux épisodes, qui paraissent en janvier 1901. Désormais, la nouvelle finit très mal. Crainquebille, à sa sortie de prison, est en butte à l'hostilité de tout le quartier et ne peut plus gagner sa vie. Dans *Le Figaro*, France avait placé une phrase de transition, pour masquer le fait que ce dénouement nouveau n'avait pas été prévu dès l'origine : « Je vous ai décrit, l'autre jour, la joie avec laquelle Crainquebille, sorti de prison et ayant retrouvé sa voiture, poussa dans l'air matinal son ancien cri : "Des choux, des navets, des carottes !" Son contentement fut de courte durée. Les clients lui firent grise mine. » Cette phrase disparaît dans l'édition en volume. Le glissement du présent au passé renforce l'impression de discontinuité.

Son contentement fut de courte durée. Il s'aperçut vite que les clientes lui faisaient grise mine.

« Des beaux céleris, m'ame Cointreau !

– Il ne me faut rien.

– Comment, qu'il ne vous faut rien ? Vous vivez pourtant pas de l'air du temps. »

Et m'ame Cointreau, sans lui faire de réponse, rentrait fièrement dans la grande boulangerie dont elle était la patronne. Les boutiquières et les concierges, naguère assidues autour de sa voiture verdoyante et fleurie, maintenant se détournaient de lui. Parvenu à la cordonnerie de l'Ange-Gardien, qui est le point où commencèrent ses aventures judiciaires [1], il appela :

1. C'est en attendant les quinze sous que lui devait Mme Bayard que Crainquebille avait été interpellé par un agent de police parce qu'il gênait la circulation.

« M'ame Bayard, m'ame Bayard, vous me devez quinze sous de l'autre fois. »

Mais M'ame Bayard, qui siégeait à son comptoir, ne daigna pas tourner la tête.

Toute la rue Montmartre savait que le père Crainquebille sortait de prison, et toute la rue Montmartre ne le connaissait plus.

[Crainquebille est peu à peu conduit au désespoir. Dans la scène tragi-comique qui clôt la nouvelle, il fait une dernière tentative.]

N'ayant rien mangé de la journée et n'ayant plus pour se couvrir les sacs du marchand de marrons, il se rappela les deux semaines durant lesquelles le gouvernement lui avait donné le vivre et le couvert. Il envia le sort des prisonniers qui ne souffrent ni du froid ni de la faim, et il lui vint une idée :

« Puisque je connais le truc, pourquoi que je m'en servirais pas ? »

Il se leva et sortit dans la rue. Il n'était guère plus de onze heures. Il faisait un temps aigre et noir. Une bruine tombait, plus froide et plus pénétrante que la pluie. De rares passants se coulaient au ras des murs.

Crainquebille longea l'église Saint-Eustache et tourna dans la rue Montmartre. Elle était déserte. Un gardien de la paix[1] se tenait planté sur le trottoir, au chevet de l'église, sous un bec de gaz[2], et l'on voyait autour de la flamme, tomber une petite pluie rousse. L'agent la recevait sur son capuchon, il avait l'air transi, mais soit qu'il préférât la lumière à l'ombre, soit qu'il fût las de

1. Le portrait de ce deuxième policier permet à Anatole France de rectifier partiellement l'image très négative de la police qu'il avait donnée au début de la nouvelle.

2. ***Bec de gaz*** : réverbère.

marcher, il restait sous son candélabre, et peut-être s'en faisait-il un compagnon, un ami. Cette flamme tremblante était son seul entretien dans la nuit solitaire. […]

Crainquebille s'approcha doucement de lui et, d'une voix hésitante et faible, lui dit :

« Mort aux vaches ! »

Puis il attendit l'effet de cette parole consacrée. Mais elle ne fut suivie d'aucun effet. Le sergot[1] resta immobile et muet, les bras croisés sous son manteau court. Ses yeux, grands ouverts et qui luisaient dans l'ombre, regardaient Crainquebille avec tristesse, vigilance et mépris.

Crainquebille, étonné, mais gardant encore un reste de résolution, balbutia :

« Mort aux vaches ! que je vous ai dit. »

Il y eut un long silence durant lequel tombait la pluie fine et rousse et régnait l'ombre glaciale. Enfin le sergot parla :

« Ce n'est pas à dire… Pour sûr et certain que ce n'est pas à dire. À votre âge on devrait avoir plus de connaissance… Passez votre chemin.

– Pourquoi que vous m'arrêtez pas ? » demanda Crainquebille.

Le sergot secoua la tête sous son capuchon humide :

« S'il fallait empoigner tous les poivrots qui disent ce qui n'est pas à dire, y en aurait de l'ouvrage !… Et de quoi que ça servirait ? »

Crainquebille, accablé par ce dédain magnanime, demeura longtemps stupide et muet, les pieds dans le ruisseau. Avant de partir, il essaya de s'expliquer :

« C'était pas pour vous que j'ai dit : “Mort aux vaches !” C'était pas plus pour l'un que pour l'autre que je l'ai dit. C'était pour une idée. »

Le sergot répondit avec une austère douceur :

---

1. ***Sergot*** : sergent de ville, c'est-à-dire agent de police (abréviation populaire).

« Que ce soye pour une idée ou pour autre chose, ce n'était pas à dire, parce que quand un homme fait son devoir et qu'il endure bien des souffrances, on ne doit pas l'insulter par des paroles futiles… Je vous réitère de passer votre chemin. »

Crainquebille, la tête basse, et les bras ballants, s'enfonça sous la pluie, dans l'ombre.

Troisième fin de *Crainquebille*

En 1903, la nouvelle est adaptée pour le théâtre et Anatole France lui donne un troisième dénouement. Ce procédé n'était pas rare à l'époque : une fin optimiste était un atout supplémentaire pour la pièce. France introduit donc un nouveau personnage, « La Souris », un gamin des rues qui vient en aide à Crainquebille et sauve la situation.

Troisième tableau
Scène 2

CRAINQUEBILLE

[…] Alors, parce que l'on a été mis pour quinze jours à l'ombre, on n'est plus bon seulement à vendre des poireaux ! Est-ce que c'est juste ? Est-ce qu'il y a du bon sens à faire mourir de faim un brave homme parce qu'il a eu des difficultés avec les flics ? Si je ne peux plus vendre mes légumes, je n'ai plus qu'à crever… Vrai ! j'aurais volé et assassiné, j'aurais la gale que ça ne serait pas plus pire. Et le froid, et la faim… J'ai pas mangé. Allons ! crève ! crève donc, père Crainquebille ! Ah ! il y a des moments où on regrette de n'être plus là-bas. *(Un agent se tient immobile dans le fond. Crainquebille l'aperçoit et dit :)* Ah ! que je suis bête, puisque je connais le truc, pourquoi que je ne m'en servirais pas ?… *(Il s'approche doucement de l'agent qui est presque à l'avant-scène et d'une voix hésitante et faible :)* Mort aux vaches ! *(L'agent regarde Crainquebille avec tristesse, vigilance et mépris. Un temps. Crainquebille, étonné, balbutie :)* Mort aux vaches ! que je vous ai dit.

L'AGENT

Ce n'est pas à dire... pour sûr et certain que ce n'est pas à dire. À votre âge, on devrait avoir plus de connaissance... Passez votre chemin.

CRAINQUEBILLE

Pourquoi que vous ne m'arrêtez pas ?

L'AGENT, *secouant la tête.*

S'il fallait empoigner tous les poivrots qui disent ce qui n'est pas à dire, y en aurait de l'ouvrage... et de quoi que ça servirait ?

CRAINQUEBILLE,
accablé, reste longtemps stupide et muet, puis très doucement :

C'était pas pour vous que j'ai dit : « Mort aux vaches ! », c'était pas plus pour l'un que pour l'autre que je l'ai dit. C'était pour une idée.

L'AGENT,
avec une austère douceur :

Que ce soye pour une idée ou pour autre chose, ce n'était pas à dire parce que, quand un homme fait son devoir et qu'il endure bien des souffrances, on ne doit pas l'insulter par des paroles futiles... Je vous réitère de passer votre chemin.

Scène 3

LA SOURIS, *par la fenêtre.*

Papa Crainquebille ! Papa Crainquebille ! Papa Crainquebille !

CRAINQUEBILLE

Hein ? Qui est-ce qui parle sur ma tête ? C'est-y un miracle ?

LA SOURIS

Papa Crainquebille !…

CRAINQUEBILLE

Ah ! c'est toi ?

LA SOURIS

Où que vous allez comme ça, sans parapluie ?

CRAINQUEBILLE

Où que je vais ?

LA SOURIS

Oui…

CRAINQUEBILLE

Je vais me jeter dans la Seine.

LA SOURIS

Faut pas faire ça ! Y fait trop froid. C'est trop mouillé.

CRAINQUEBILLE

Qu'est-ce que tu veux que je fasse ?

LA SOURIS

Il faut se remuer, mon vieux papa. Il faut vivre.

CRAINQUEBILLE

Pourquoi ?

LA SOURIS

Je ne sais pas, mais faut se dégrouiller. Ça ne dure pas tout le temps, la mistoufle [1]. Vous en vendrez encore des choux et des carottes, c'est moi qui vous le dis. Venez avec moi. J'ai un pain, du saucisson et un litre. On soupera comme des millionnaires et je vous ferai un lit comme le mien, avec des sacs et des copeaux, et puis on verra demain s'il fait jour. Allons, venez, mon vieux papa.

1. ***Mistoufle*** : misère (populaire).

CRAINQUEBILLE

T'es jeune, t'es pas encore gâté. Le monde est mauvais, t'es pas encore du monde. Gosse, tu peux te dire qu'à ton âge t'as sauvé un homme. Oh ! c'est pas une si belle affaire. Y a pas lieu d'en être fier, ça ne changera pas le cours de la lune, ça n'embellira pas la République. Mais t'as sauvé un homme.

Crainquebille, la tête basse et les bras ballants, remonte la scène sans plus dire un mot.

Le travail de l'écriture

Expansions et contractions du texte

■ Victor Hugo : la malle aux manuscrits

Hugo (1802-1885) attachait la plus grande importance à ses manuscrits. Obligé de s'enfuir après le coup d'État du 2 décembre 1851, il se les fait immédiatement apporter à Bruxelles, où il s'est réfugié. Dans son testament, il évoquera sa maîtresse, Juliette Drouet, qui s'était chargée du précieux dépôt : « La courageuse femme qui, lors du coup d'État, a sauvé ma vie au péril de la sienne, et qui ensuite a sauvé la malle contenant mes manuscrits. » Les manuscrits ont à peine moins de valeur que la vie. La « malle aux manuscrits » suivra Hugo à Jersey, puis à Guernesey. En août 1870, avant de rentrer en France, il dépose une partie des documents dans une banque de Guernesey. À Paris, il fera installer dans sa chambre une armoire de fer pour y ranger ses œuvres inédites. Même dans des circonstances moins dramatiques, il fait preuve d'un souci identique. En 1839, il écrit à sa femme qui fait faire des travaux dans leur appartement alors qu'il est en voyage : « J'ai serré[1] dans un des placards le tiroir de la table où j'écris avec tout ce qu'il contenait. Aie bien soin qu'on n'ouvre rien et qu'on ne déplace rien, car un seul papier perdu serait irréparable. »

1. ***J'ai serré*** : j'ai rangé.

À ce soin minutieux, plusieurs raisons. Hugo se considérait sans doute comme un grand artiste, à la fois écrivain et peintre, mais aussi comme un travailleur qui devait faire vivre sa famille. Les plans, les notes qu'il gardait étaient à la fois des témoignages de son génie et la promesse d'une production littéraire régulière qui assurerait l'avenir. Ainsi reprend-il en 1860 le manuscrit d'un roman entrepris des années auparavant, entre 1845 et 1848 : ce sera *Les Misérables*. Il relit et médite « afin, écrit-il, qu'il y ait une unité absolue entre ce que j'ai écrit il y a douze ans et ce que je vais écrire aujourd'hui ». Le schéma narratif ne change pas mais il ajoute des épisodes, repense certains personnages (« Modifier absolument Marius et lui faire juger Napoléon *vrai* ») ou leur donne plus de relief : Thénardier devient un pilleur de cadavres, Éponine sauve la vie de Marius et sacrifie la sienne. Autre exemple de recours à un dossier manuscrit ancien : des notes prises en 1843 au cours d'un voyage dans les Pyrénées sont réutilisées treize ans plus tard dans un grand poème qui mêle géologie, mythologie et métaphysique – « Dieu ».

Hugo tient aussi à assurer les conditions d'une publication intégrale de son œuvre après sa mort. Par testament, il en charge ses amis et définit trois groupes d'œuvres : « Premièrement, les œuvres tout à fait terminées. Deuxièmement, les œuvres commencées, terminées en partie, mais non achevées. Troisièmement, les ébauches, fragments, idées éparses, vers ou prose, semés çà et là, soit dans mes carnets, soit sur des feuilles volantes. » Pour les fragments, dont la publication est une nouveauté à son époque, il fixe un titre général, *Océan*, et prévoit plusieurs volumes. L'édition sera faite et comprendra en effet plusieurs ouvrages posthumes parus sous des titres différents : *Théâtre en liberté* (1886), *Choses vues* (1887), *Toute la Lyre* (1888) et d'autres. Le volume intitulé *Océan* ne paraîtra qu'en 1942, près de soixante ans après la mort de l'auteur. Hugo veut également que l'ensemble de ses manuscrits soit ouvert à tous, qu'il soit propriété commune et ne soit ni dispersé ni vendu. C'est pourquoi il ajoute un codicille à son testament : « Je donne tous mes manuscrits et tout ce qui serait trouvé écrit ou dessiné par moi à la Bibliothèque nationale de Paris, qui sera un jour la bibliothèque des États-Unis d'Europe. » Il met ainsi à la disposition du public des milliers de pages manuscrites : romans, pièces de théâtre, poèmes, articles et discours. Plus de mille trois cents dessins sont également conservés, regroupés dans des albums ou intégrés à des manuscrits, carnets et lettres notamment.

Hugo est un travailleur acharné et très productif, surtout lorsqu'il écrit dans l'urgence. *Hernani*, pièce qui déchaînera les passions et provoquera des bagarres, lui prend un mois tout juste, *Ruy Blas*, cinq semaines. De tout son théâtre, c'est la pièce qui lui aura demandé le plus de temps. En 1830, un éditeur à qui Hugo avait promis un roman pour l'année précédente exige l'exécution du contrat. Retardé par les journées révolutionnaires de juillet, peu enthousiaste, l'écrivain se met enfin au travail : « Il s'acheta une bouteille d'encre et un gros tricot de laine grise qui l'enveloppait du cou à l'orteil, mit ses habits sous clé pour n'avoir pas la tentation de sortir et entra dans son roman comme dans une prison. Il était fort triste. » Selon le témoignage de sa femme, Adèle Hugo, il met cinq mois à écrire *Notre-Dame de Paris* et termine quinze jours avant le délai prévu. « Dès les premiers chapitres sa tristesse était partie ; sa création s'était emparée de lui[1]. »

Pour les poèmes, plus brefs, Hugo utilise des supports variés : feuilles volantes, enveloppes, carnets, prospectus. Il note souvent des vers isolés ou des strophes, en toute circonstance : au cours d'un voyage, en marchant dans la rue ou la nuit dans son lit. Il barre ensuite ces vers au fur et à mesure qu'il les réutilise ailleurs. Quand tout est barré, il jette la feuille. Dans le vaste ensemble des manuscrits hugoliens, on trouve donc peu de ces vrais brouillons, écrits très rapidement, parfois quasi illisibles. En revanche, le poète a soigneusement conservé les manuscrits au net et les copies destinées à l'imprimeur. Pour les manuscrits de théâtre et plus tard pour les manuscrits poétiques, il copie ou fait copier le texte sur la moitié

1. Adèle Hugo, *Victor Hugo raconté par un témoin de sa vie*, 1863.

droite de la page. La moitié gauche est laissée libre pour des corrections ou, souvent, pour des additions, car Hugo procède par amplification. Dernier point : cet homme si attaché aux manuscrits considérait pourtant que, en poésie, une partie importante de la genèse est antérieure à l'écriture – « Écrivains, méditez beaucoup et corrigez peu, conseillait-il, faites des ratures dans votre cerveau. » Il pouvait écrire d'une traite un long poème sans ratures : il l'avait tout entier composé mentalement.

Les deux extraits suivants du manuscrit de *Ruy Blas* [1] permettent d'apprécier le travail de l'écrivain en comparant la partie droite (la mise au net) et la partie gauche (les réécritures). Dans un cas, Hugo développe considérablement le texte de départ (vingt-neuf vers dans la partie gauche contre neuf dans la partie droite, p. 110-111), ce qui est sa pratique la plus habituelle. Mais, comme dans le premier extrait, il est également capable d'aller vers un dialogue plus concis et plus incisif. Par ailleurs, il laisse des choix lexicaux ouverts en notant deux ou trois termes possibles, l'un écrit au fil du texte, les autres ajoutés ensuite entre les lignes. Il n'en rature aucun pour décider ultérieurement.

Manuscrit de *Ruy Blas*, extrait 1

Dans l'Espagne du XVIIe siècle, un grand seigneur sans scrupules, don Salluste, est exilé par la reine pour avoir refusé d'épouser une de ses suivantes à qui il avait fait un enfant. Brûlant de se venger, il fait passer son laquais, Ruy Blas, pour un de ses cousins, don César de Bazan (il a vendu à des pirates le vrai don César, gentilhomme et bandit au grand cœur, parce qu'il refusait de s'associer à ses plans). Il espère que Ruy Blas, amoureux de la reine, deviendra son amant. La scène (acte II, scène 1) se place juste avant que la reine, Doña Maria

1. Voir *Ruy Blas*, éd. Anne Ubersfeld, Les Belles Lettres, 1971. Cette édition donne de nombreuses variantes du manuscrit de Victor Hugo.

de Neubourg, voie pour la première fois Ruy Blas (« le nouvel écuyer »). Négligée par le roi et soumise à l'étiquette rigoureuse de la cour d'Espagne, la reine s'ennuie. Sa confidente, Casilda, cherche à la distraire.

F° 23v°

Doña Maria, à Casilda

Que faire ? Voyons ! cherche une idée !

Casilda.

Ah ! tenez,

en l'absence du roi c'est vous qui gouvernez.
faisons, pour vous distraire, appeler les ministres !

Doña Maria, haussant les épaules

Ce plaisir ! – avoir là huit visages sinistres
me parlant de la France et de son roi caduc,
de Rome, et du portrait de Monsieur l'Archiduc
qu'on promène à Burgos, parmi les cavalcades,
sous un dais de drap d'or porté par quatre alcades !
– cherche autre chose.

Casilda

Eh bien pour vous désennuyer

Je vais ~~faire~~ monter ~~le~~ nouvel écuyer

La reine la regarde avec étonnement* et en haussant les épaules avec un geste qui veut dire : ce plaisir !

Casilda

figures

je conviens que ce sont des seigneurs bien sinistres.

Si je faisais monter quelque jeune écuyer ?

F° 25r°

Doña Maria

Casilda !

Casilda

regarder

Je voudrais ~~voir parfois~~ un jeune homme

Madame. Cette cour vénérable m'assomme.
Je crois que la vieillesse arrive par les yeux,
Et qu'on vieillit plus vite à voir toujours des vieux !

Doña Maria

Ris

~~Ah~~ ! folle ! il vient un jour où le cœur se reploie.

hélas, on

Comme on perd le sommeil, vois-tu, l'on perd la joie.

enfant

Doña Maria

Qui donc ?

Casilda

Le roi vous donne un nouveau gentilhomme.

Doña Maria

Je ne sais même pas le nom dont il se nomme.
Tu dis que je gouverne et chez moi, tu vois bien,
On fait des écuyers sans me parler de rien.

Casilda à part

Bah ! faisons-le monter, c'est peut-être un jeune homme.
– Çà, vraiment cette cour vénérable m'assomme.
Je crois que la vieillesse arrive par les yeux,
Et qu'on vieillit plus vite à voir toujours des vieux !

(elle va au fond du théâtre parler tout bas à un page qui sort puis elle reprend sa place auprès de la reine.)

Il n'est pas encore là, tant pis, pour qu'on le voie
Quand il arrivera j'ai dit qu'on nous l'envoie.

Doña Maria, pensive

Mon bonheur, c'est ce coin
~~Que ne suis-je encore~~ du parc où j'ai le droit
D'aller seule.

Manuscrit de *Ruy Blas*, extrait 2

Cette scène sera l'avant-dernière de la pièce. Ruy Blas est devenu Premier ministre sous le nom de don César et la reine l'aime d'un amour chaste. Il a presque oublié Salluste lorsque celui-ci reparaît. Par ruse, il a réussi à faire venir la reine en pleine nuit chez Ruy Blas. En la menaçant d'un scandale, il tente de la convaincre de s'enfuir avec Ruy Blas, qu'elle prend toujours pour un grand seigneur. Elle est sur le point de céder quand Ruy Blas lui avoue sa véritable identité.

F° 73

don Salluste

Et bien oui ! maintenant disons tout, il n'importe !
Ma vengeance est assez complète de la sorte !
à la reine.
Qu'en pensez-vous ? – Madrid va rire, sur ma foi !
Ah ! vous m'avez cassé ! je vous détrône, moi.
Ah ! vous m'avez banni ! je vous chasse, et m'en vante.
suivante
Ah ! vous m'avez pour femme offert votre servante !

(il éclate de rire)

Moi, je vous ai donné mon laquais pour amant.
Vous pourrez l'épouser aussi ! certainement.
s'en va
Le Roi ~~se meurt~~ – son cœur sera votre richesse,

F° 73v°

||

Marquis, jusqu'à ce jour Satan te protégea,
Mais s'il veut t'arracher de mes mains qu'il se montre !
– À mon tour ! – on écrase un serpent qu'on rencontre.
Personne n'entrera, ni tes gens, ni l'enfer !
palpitant
Je te tiens écumant sous mon talon de fer !
pantelant
– Cet homme vous parlait insolemment, madame ?
Je vais vous expliquer, cet homme n'a point d'âme,
C'est un monstre, – en riant hier il m'étouffait,
Il m'a broyé le cœur à plaisir, il m'a fait
fermer une fenêtre, et j'étais au martyre !
Je priais ! je pleurais ! je ne peux pas vous dire !
(au marquis.)
Vous contiez vos griefs dans ces derniers moments.
Je ne répondrai pas à vos raisonnements.
Et d'ailleurs je n'ai pas compris . – Ah ! misérable ! –
Vous osez, – votre reine ! une femme adorable ! –
Vous osez l'outrager quand je suis là ! – tenez,
pour un homme d'esprit, vraiment, vous m'étonnez !
Çà vous vous figurez que je vous verrai faire
Sans rien dire ! – écoutez, quelle que soit sa sphère,

(Il rit)
Et vous l'aurez fait duc afin d'être duchesse !
(grinçant des dents.)

Ah ! vous m'avez brisé, flétri, mis sous vos pieds,
Et vous dormiez en paix, folle que vous étiez !

est allé à la porte du fond et en a poussé le v[errou]
puis il s'est
(pendant qu'il a parlé, Ruy Blas puis il ~~s'est~~ approché de lui sans qu'il s'en aperçoive, par-derrière, à pas lents. Au moment où don Salluste ~~il~~ achève, fixant des yeux pleins de haine et de triomphe sur la reine anéantie, Ruy Blas saisit l'épée du marquis par la poignée et la tire vivement.)

Ruy Blas terrible, l'épée de Don Salluste à la main.

Je crois que vous venez d'insulter votre reine !

~~Don Salluste.~~

~~Ciel~~ !
D. Salluste se précipite vers la porte. Ruy Blas la lui barre

Ruy Blas.

Oh ! n'allez point par là, ce n'en est pas la peine
J'ai poussé le verrou depuis longtemps déjà.
Marquis, jusqu'à ce jour l'enfer te protégea,
Mais s'il veut t'arracher de mes mains, qu'il se montre

Monseigneur, ~~puisqu'~~ lorsqu'un traître, un fourbe tortueux,
Commet de certains faits rares et monstrueux,
Serf ou seigneur, tout homme a droit sur son passage
De venir lui cracher sa sentence au visage,
Et de prendre une épée, une hache, un couteau !... –
Pardieu ! j'étais laquais ! quand je serais bourreau ?

La Reine

Vous n'allez pas frapper cet homme ?

Ruy Blas, à la reine.

Je me blâme

d'accomplir
~~De faire~~ devant vous ma fonction, madame.
Mais il faut étouffer cette affaire en ce lieu.

(il pousse don Salluste vers le cabinet.)

– C'est dit, Monsieur ! allez là-dedans prier Dieu !

Oh ! de nos deux démons c'est la grande rencontre
Avant d'exécuter le jugement de Dieu,
Voyons, lève ton front que je le voie un peu.
cette reine
L'amant que tu donnais à cette femme, traître
C'est bien mieux qu'un
Ce n'est pas un laquais, c'est le bourreau, mon maître

(Il le pousse vers le cabinet à droite)

C'est dit, monsieur ! allez là-dedans prier Dieu !

Don Salluste.

Quoi ! sérieusement ! oser !...

Ruy Blas

(avec un sourire effrayant)

Non, c'est un jeu.

Don Salluste

C'est un assassinat !

Ruy Blas

Crois-tu ?

désarmé en
Don Salluste jetant un regard plein de rage autour de lui

Sur ces murailles

F° 74

Rien ! pas d'arme !
(à Ruy Blas)
une épée au moins !

Ruy Blas

Marquis !
Allons ! tu railles.
Maître * ! Est-ce que je suis un gentilhomme, moi ?
un de tes gens à toi
Un duel ! fi donc ! je suis un drôle, on ne sait quoi
Valetaille
Une engeance de rouge et de galons vêtue,

soufflette
châtie
Un maraud qu'on bastonne et qu'on fouette, – et qui tue !
monseigneur, vois-tu bien
Oui, je vais te tuer, marquis, entends-tu bien ?
Comme un infâme ! comme un lâche ! comme un chien !

La Reine

Grâce pour lui !
Grâce !

Ruy Blas, à la reine en saisissant
le marquis.
Laissez !
pardonnez. – mais chacun ici se venge.
madame ici chacun
Le démon ne peut plus être sauvé par l'ange !

La reine, à genoux

Grâce !

Don Salluste appelant

Au meurtre ! Au secours !

Ruy Blas, levant l'épée.

As-tu bientôt fini ?

Don Salluste, se jetant sur lui, en criant

Je meurs assassiné ! Démon !

Ruy Blas, le poussant dans le cabinet

Tu meurs puni !

~~Meurs~~ Ils disparaissent dans dans le fond

~~La porte du~~ cabinet se referme sur eux

~~Don Salluste~~

~~Traître ! au meurtre !~~

Sois maudit !

Sois puni[1] !

La Reine, à genoux.

Grâce !

Ruy Blas, levant l'épée.

Non.

Don Salluste

Au meurtre !

Un instant, Ruy Blas !...

Ruy Blas

Il faut finir.

Don Salluste, se jetant sur lui,

Traître ! Au secours ! on veut m'égorger !

Ruy Blas, le poussant dans le cabinet

Te punir !

restée seule,

La Reine, tombant demi morte sur le fauteuil.

Ciel !

Un murmure puis silence.

(rentre Ruy Blas, pâle, sans épée.)

Transcription diplomatique de Francine Goujon.

1. Ces deux répliques sont un projet alternatif pour la fin de la scène.

Suppressions : l’art des renoncements

■ Georges Brassens : « les mots qu’il faut sur les notes qu’il faut »

Georges Brassens (1921-1981) passe son enfance à Sète entre son père maçon (« le vieil ours »), sa mère Elvira (« l’Italienne ») et sa sœur aînée Simone. Tous sont férus de chanson (« Mon père était capable de reconstituer une mélodie instinctivement, dira-t-il, et moi, à cinq ans, je connaissais deux cents chansons »). On écoute la radio, on va au spectacle, on apprend mélodies et paroles. Brassens est un admirateur enthousiaste de Ray Ventura, de Charles Trenet. Il aime les rythmes du jazz. D’autre part, lui qui ne se plaît guère à l’école (il la quittera après la troisième), il y a cependant rencontré un professeur qui lui a transmis l’amour de la poésie ; il a lu Villon, Baudelaire, Verlaine et beaucoup d’autres. Adolescent, Brassens commence à écrire des chansons. À la même époque, il est impliqué dans plusieurs cambriolages. Il rappellera cet épisode et l’attitude compréhensive de son père dans « Les Quatre Bacheliers ». Ses parents décident de l’éloigner de Sète ; il part pour Paris en 1940, à dix-huit ans.

Après la guerre, qu’il passe partiellement en Allemagne, pour le STO[1], Brassens traverse plusieurs années de misère : recueilli par « la Jeanne » et son mari, généreux mais presque aussi pauvres que lui, il n’envisage pas d’autre travail que l’écriture, de poèmes d’abord, puis de chansons. Il accepte toutes les privations et cherche à se faire connaître en proposant ses chansons à des interprètes de talent. La première à lui faire confiance, Patachou, dirige un cabaret. Elle ne chantera pas tout elle-même : elle demande à Brassens d’interpréter les chansons qu’elle juge trop libres de ton, comme « Le Gorille » ou « La Mauvaise Réputation ». Malgré ses réticences, Brassens débute en mars 1952. Il est extrêmement timide, embarrassé de sa

1. ***STO*** : Service du travail obligatoire, imposé aux jeunes gens par l’occupant.

personne, incapable de saluer ; les journalistes le comparent à un apprenti bûcheron ou à un ours. Mais son charme et celui de ses chansons opèrent. Sur scène, il impose son personnage : la grosse moustache, la guitare, la provocation sans violence, la simplicité. Le succès vient : Brassens passe en vedette dans des music-halls parisiens, Bobino puis l'Olympia, et fait de fréquentes tournées en province. Devenu célèbre, il ne change pas grand-chose à son style de vie. Il a gardé des goûts modestes, s'entoure d'amis anciens et récents, se repose sur son secrétaire et ami, dit « Gibraltar » (parce qu'il est solide comme un roc), ou sur sa compagne pour la plupart des questions d'argent et d'organisation. Jusqu'en 1964, bon nombre de ses chansons sont interdites à la radio car elles sont jugées indécentes ou contraires à l'ordre établi, mais ses disques se vendent bien. À sa mort, il aura enregistré cent trente-cinq chansons, plus la matière de deux disques qu'il n'a pas eu le temps de terminer.

Si Brassens n'a pas peur des mots crus, sur lesquels il a bâti une partie de sa réputation, il pratique aussi l'ironie en demi-teintes et l'émotion voilée. Ce n'est pas un chanteur engagé (on lui a longtemps reproché de ne pas avoir pris position contre le nazisme pendant la Seconde Guerre mondiale), mais beaucoup de ses textes sont d'inspiration anarchiste : il se moque de la police et du clergé, critique les puissants, refuse les institutions. Ses thèmes de prédilection sont très classiques : l'amitié, la mort – dont il apprivoise l'idée par l'humour –, l'amour heureux ou malheureux. Adversaire résolu du mariage, il oscille, à l'égard des femmes, entre la gauloiserie énorme, parfois misogyne, la compassion et la tendresse. Il fait l'éloge de la chaleur humaine et de l'anticonformisme. Parmi ses chansons, beaucoup d'œuvres de poètes qu'il aimait, très célèbres (Hugo, Verlaine) ou moins connus (Francis Jammes, Antoine Paul). Cette façon de faire connaître et de servir la poésie lui a valu les réactions violentes de ceux qui ne voulaient voir dans la chanson qu'un divertissement.

« C'est un art tout à fait particulier d'arriver à mettre les mots qu'il faut sur les notes qu'il faut, disait Brassens, on peut avoir du génie et n'en être pas capable. » Pour lui la structure rythmique était capitale. Tous ses amis se rappellent l'avoir vu frapper le rythme sur la table quand il essayait une chanson ou décrivait ce qu'elle serait. Il composait les mélodies assez vite, au piano, puis les transposait à la guitare et retravaillait les harmonies avec son contrebassiste. Il avait, selon le chanteur Georges Moustaki, « une façon modeste de présenter des mélodies très fouillées, très travaillées », discrétion qui explique en partie sa réputation injustifiée de monotonie. Quant aux textes, ils étaient le résultat d'un long travail et de multiples ratures. Ses manuscrits montrent que, quand il écrivait les paroles d'une chanson, il avait déjà une idée du rythme ou de la mélodie : il place des groupes de mots en début ou en fin de vers, dispose deux ou trois vers dans une strophe encore incomplète mais déjà définie, laissant des blancs qu'il remplira plus tard. Au fil de l'écriture, les suppressions sont nombreuses. Parmi les chansons retrouvées à sa mort, certaines sont plus longues que de coutume « justement parce qu'il ne les avait pas achevées, qu'il n'avait pas, comme à son habitude, taillé dans le texte, supprimé des couplets, resserré... [1] ». Les chansons terminées et choisies (Brassens en a toujours un grand nombre en stock, à des degrés divers d'achèvement), l'enregistrement d'un disque est très rapide : en studio, Brassens se contente souvent d'une seule prise. En scène comme sur les disques, il n'est accompagné que de sa guitare et d'une contrebasse. Il refuse les facilités d'orchestration et ne cherche pas l'effet immédiat : « Heureusement qu'on n'entre pas trop vite dans mes chansons, sinon on en sortirait trop vite. »

Les deux brouillons et la mise au net de « L'Orage » illustrent les choix que Brassens a opérés, de réécriture en réécriture. Il écrit sur un cahier grand format. Sur la première double page, il établit à droite le schéma narratif et essaie des formules qui disparaîtront toutes ensuite. À gauche, trois strophes incomplètes, sans doute les

1. L.-J. Calvet, *Georges Brassens*, Petite Bibliothèque Payot, 2001, p. 247.

trois premières, dans le désordre (1, 3, 2). Sur le deuxième brouillon transcrit ici (il existe une version intermédiaire), ce début est abandonné ; on trouve à droite une version suivie de la chanson dont la fin manque encore et, à gauche, un travail sur le nouveau début, désormais intégré à la thématique de l'orage. Dans la mise au net, les corrections sont très circonscrites : les plus significatives portent sur le rendu allusif de la scène d'amour. On voit que Brassens a supprimé les plaisanteries sur la Vierge Marie, celles qui visaient les maris trompés et un portrait assez misogyne de la voisine. Il renonce à une veine comique traditionnelle au profit de l'élaboration poétique du texte.

« L'Orage », brouillons

Brouillon 1

L'Orage

J'étais en train d'rêver que la vierge marie

Et pour son grade pas bégueule
sortait de son cabas
À mes yeux éblouis un paquet de tabac
Pour mettre dans mon brûle gueule[1]

et pour l'amour de Dieu
ouvrez moi vite votre porte

C'était la voix émue d'ma voisin' de palier
dans l'escalier
sans lui fair la moindre avance
d'la part des cocus
de coups de pied au cul
que je me tenais sur mes gardes

au mitan de la nuit
une main décid~~ait~~ée qui frappait à mon huis

et pour l'amour de Dieu
ouvrez-moi vite votre porte

1. *Brûle-gueule* : pipe.

mon 1er amour

---

je suis seule

---

je la portai dans mon lit

---

je l'embrassai

---

au petit jour elle est partie
attend le prochain orage

J'ai attendu en vain il y eut 100 orages

J'ai su que cette nuit
s'il était devenu cocu
Devenu millionnaire

---

sa moitié vers un ciel toujours bleu
~~alors~~ il l'emmena vers un pays bleu

---

où est-elle
Celle qui pour fuir Jupiter rencontra
Cupidon
qu'elle sache que quand le ciel

---

mais quand y a l'orage
Je laisse la clef sur la porte

Brouillon 2

Parlez-moi de la pluie et non pas du beau temps

L'azur' m'fait mal au cœur et m'fait grincer les dents

L'soleil qui luit me met en rage

C'est qu' le plus bel amour qui m'fut donné sur terr'

mauvais temps
J'le dois au ~~coup de foudre~~ j'le dois à Jupiter

Il me tomba du ciel d'orage

Un vrai tonnerr' de Brest à cheval sur le toit

Par un soir de novembre à cheval sur le toit

Un vrai tonner' de Brest gueulait comme un putois

Le premier grand amour qui m'fut donné sur terr'
Je le dois au mauvais temps je l'dois à Jupiter
Il me tomba d'un ciel d'orage
un certain soir d'automn' qu'à cheval sur mon toit
un vrai tonner' de Brest gueulait comme un putois,

Parlez-moi de la pluie et non pas du beau temps
Moi l'azur ça m'écœure et m'fait grincer les dents
L'soleil qui[1], ça m'décourage le gai soleil me décourage

Le bel azur m'écœure et m'fait grincer les dents
Le gai soleil

1. Mot oublié ou laissé pour plus tard.

Parlez-moi de la pluie et non pas du beau temps
Le beau temps me dégoûte et m'fait grincer les dents
Le bel azur me met en rage
Car le plus grand amour qui m'fut donné sur terr'
Je l'dois au mauvais temps je l'dois à Jupiter
Il me tomba d'un ciel d'orage

Madam' Joseph Prud'homm'[1] la femm' de mon voisin
Avait un' bouche en cœur un regard assassin
Un nez qui jouait d'la trompette 1

Le portrait tout craché d'une corbeill' de fruit
un amour de petite bête.

Quand je la rencontrais seule dans l'escalier
J'aurais certes bien mis d'un geste cavalier
Sur son joli cœur ma cocarde
Mais j'avais essuyé d'la part de tant d'cocus
Tant de coups de bélier tant de coups d'pied au cul
Que je me tenais sur mes gardes.

Or un soir de novembre qu'à cheval sur le toit
Un vrai tonnerr' de Brest gueulait comme un putois
En tirant ses feu[x] d'artifices

2

En réclamer mes bons offices

Je suis seule et j'ai peur ouvrez-moi par pitié
Mon époux vient d'partir faire son dur métier
Pauvre malheureux mercenaire
Contraint d'coucher dehors quand il fait mauvais temps
Pour la bonne raison qu'il est représentant
D'un' maison de paratonnerre

À cett' raison valable je tirai le verrou \

galant homme accompli
Je la pris dans mes bras j'la portai dans mon lit
Pour nous donner un' contenance

La nuit
Jusqu'au petit matin \
mon troupeau de baiser

Jusqu'au

1. *Madam' Joseph Prud'homm'* : archétype de la bourgeoisie.

Mise au net

<u>L'orage</u>

Parlez-moi de la pluie et non pas du beau temps
Le beau temps me dégoutt|e et m'fait grin|cer les dents,
Le bel azur me met en rage
Car le plus grand amour qui m'fut donné sur terr'
Je l'dois au mauvais temps je l'dois à Jupiter
Il me tomba d'un ciel d'orage.

Certain soir de novembre à cheval sur le toit
un vrai tonnerr' de Brest avec des | cris d'putois
Allumait ses feux d'artifice
Bondissant de sa couche en costume de nuit
Ma voisine affolée vint cogner à mon huis
En réclamant mes bons offices

Je suis seule et j'ai peur ouvrez-moi par pitié
Mon époux vient d'partir faire son | dur métier
Pauvre malheureux mercenaire
Contraint d'coucher dehors quand il fait mauvais temps
Pour la bonne raison qu'il est représentant
D'un'maison de paratonnerres.

En bénissant le nom de Benjamin Franklin
Je tirai le verrou j'ouvris mes | bras câlins ①
①Et ~~alors la~~ / l'coup de foudre[1]
et puis ~~Alors~~ et puis la foudre a fait son œuvre
Toi qui sèmes des paratonnerres à foison
Que n'en as-tu planté sur ta propre maison
~~Ce fut une fausse manœuvre~~ erreur on ne peut plus funeste

1. La barre oblique signale une « surcharge » : « coup de foudre » est écrit sur « la ».

Quand Jupiter alla se faire entendre ailleurs
La belle ayant enfin conjuré | sa frayeur
Et recouvré tout son courage
Rentra dans ses foyers fair'sécher son mari
En m'donnant rendez-vous aux jours d'intempérie
Rendez-vous au prochain orage

À partir de ce jour j'n'ai plus baissé les yeux
J'ai consacré mon temps à contem|pler les cieux
À regarder passer les nues
À guetter les stratus à lorgner les nimbus
À faire les yeux doux aux moindres cumulus
~~plus~~
Mais ell' n'est ~~jamais~~ revenue
pas

Son bonhomm' de mari avait tant fait d'affair'
Tant vendu ce soir-là de petits | bouts de fer
Qu'il était dev'nu millionnaire
~~coins~~
Et l'avait emmenée vers des ~~cieux~~ toujours bleus
cieux
Des pays imbéciles où jamais il ne pleut
Où l'on ~~n'entend jamais l'~~tonnerre
ne sait rien du

~~Et l'coup de foudre a fait son œuvre~~

① je l'ai mise en lieu sûr entre mes bras câlins
Et puis l'amour a fait le reste

Les Manuscrits de Brassens [© Universal Music Publishing],
éd. A. Poulanges et A. Tillieu,
Textuel, 2001, « Brouillons et inédits »,
p. 146-147, p. 152-153, et « Chansons », p. 23.

DOSSIER

- Lexique génétique
- Écrire comme…
- Qui a écrit… ?
- Comment transcrire un manuscrit ?
- Classer
- Les corrections d'imprimerie
- Pour en savoir plus

Lexique génétique

Addition : ajout, après l'écriture du texte principal, d'un segment de texte destiné à s'y intégrer ; ce segment de texte lui-même.

Allographe : écrit d'une autre main que celle de l'auteur.

Autographe : écrit de la main de l'auteur.

Avant-texte : toute version partielle ou complète d'un texte antérieure à la version publiée ; ce peut être un plan, une dactylographie, un brouillon * [1], etc.

Bon à tirer : mention écrite et signée par l'auteur après la correction des dernières épreuves. Par là, il autorise l'impression de son livre sans nouvelle modification.

Brouillon : manuscrit * de travail qui porte souvent les traces des difficultés rencontrées : ratures *, réécritures *, additions *.

Classement : dans un dossier génétique *, détermination de l'ordre dans lequel les avant-textes * d'un passage ou d'une œuvre ont été écrits.

Corps du texte : partie centrale du texte, sans les additions * faites dans la marge ou sur la page voisine.

Correction : rectification d'une erreur, qui se traduit par deux possibilités lors de la relecture des épreuves * :
– les corrections d'imprimerie font disparaître les erreurs que l'imprimeur a pu commettre ;
– les corrections d'auteur sont des réécritures *, des additions *, des suppressions que l'auteur effectue (comme celles qu'il fait sur un manuscrit *).

Critique génétique : discipline qui a pour objet l'étude de la création littéraire à partir de la genèse * des œuvres.

Dactylogramme : copie dactylographiée d'un texte, souvent donnée, jusqu'à l'apparition de l'ordinateur, comme manuscrit * définitif. On dit aussi « tapuscrit » et « dactylographie ».

1. Tous les termes suivis d'un astérisque figurent eux aussi dans le lexique.

Dactylographie : voir dactylogramme.

Déchiffrement : lecture d'un manuscrit *, souvent difficile et préalable à toute analyse.

Dossier génétique : ensemble de manuscrits * et documents divers concernant la genèse * d'un texte. Le dossier devient utilisable quand les documents ont été déchiffrés et classés.

Droits d'auteur : pourcentage perçu par l'auteur sur la vente de ses livres.

Écriture à processus : l'écrivain procède par relecture, développement et correction * du texte déjà écrit, sans document autre, ou presque.

Écriture à programme : l'écrivain s'appuie sur une phase préparatoire (pré-rédactionnelle *) de définition et d'organisation de l'œuvre à venir. Il suit par exemple les plans qu'il a mis au point précédemment.

Éditeur : personne qui publie des livres ou toute espèce d'écrit. L'éditeur qui a accepté de publier un livre se charge de sa préparation matérielle et de sa commercialisation.

Épreuves : première version d'un texte imprimée par les soins de l'éditeur et envoyée à l'auteur pour qu'il la corrige. Plusieurs séries d'épreuves peuvent se succéder, car la nature et le volume des corrections varient beaucoup selon les auteurs et les éditeurs.

Filigrane : marque gravée dans l'épaisseur du papier et visible par transparence. Le filigrane donne des indications sur l'origine du papier et facilite souvent le classement et la datation des manuscrits.

Genèse : ensemble des opérations qui conduisent des premières traces écrites à la version publiée d'un texte.

Manuscrit : le terme peut désigner :

– tout document écrit à la main ;

– un avant-texte * relevant de la phase rédactionnelle * : un brouillon *, une mise au net sont des manuscrits. Au sens large, une dactylographie peut être un manuscrit ;

– un texte présenté par un auteur à un éditeur pour qu'il le publie (manuscrit définitif) ; actuellement, le manuscrit, pris en ce sens, n'est jamais écrit à la main.

Mise au net : manuscrit en grande partie débarrassé de ses ratures et de ses corrections. L'auteur fait ou fait faire une copie au net à partir de ses brouillons* pour obtenir une version suivie et claire de son œuvre.

Note de régie : indication que le scripteur se donne à lui-même (par exemple : « réécrire mieux » ou « mettre ce passage ailleurs »).

Phase éditoriale : elle commence lorsque l'auteur remet son manuscrit* à l'éditeur et se termine quand il donne le « bon à tirer* ». Les documents propres à cette phase sont les épreuves*.

Phase pré-rédactionnelle : première étape de la genèse*, au cours de laquelle l'auteur définit son projet, se documente et prépare la rédaction. Elle est développée dans le cas des écritures à programme* et quasi invisible dans les écritures à processus*.

Phase rédactionnelle : phase de textualisation au cours de laquelle l'écrivain rédige, soit à partir des documents préparatoires (écriture à programme*), soit en progressant uniquement par le travail d'écriture (écriture à processus*). La remise du manuscrit* définitif à l'éditeur* marque la fin de la phase rédactionnelle.

Placards d'imprimerie : grandes feuilles regroupant, le plus couramment, quatre, huit ou douze pages imprimées placées tête-bêche, pliées et cousues pour former le livre.

Publication : acte par lequel un livre est rendu public et proposé à la vente.

Publication à compte d'auteur : publication assurée par un auteur à ses frais, le plus souvent parce que son texte n'a pas trouvé d'éditeur.

Rature : tracé qui couvre un segment de texte, soit pour le supprimer définitivement, soit pour le réécrire ensuite.

Réécriture : nouvelle version d'un texte ou d'un segment de texte.

Scripteur : celui qui écrit.

Substitution : remplacement d'un segment de texte raturé par un segment équivalent.

Tapuscrit : voir dactylogramme.

Textualisation : mise en phrases des plans ou notes écrits en « style télégraphique ».

Transcription : copie d'un manuscrit après déchiffrement*. Il existe deux méthodes de transcription :
– la transcription diplomatique, qui reproduit la disposition exacte du manuscrit sur la page. Le transcripteur place par exemple les additions* comme l'auteur l'a fait, dans la marge, entre les lignes ou sur la page voisine s'il s'agit d'un cahier ;
– la transcription linéaire, qui traduit les opérations d'écriture par des signes conventionnels ; les additions*, par exemple, sont replacées dans le texte mais entre soufflets <…>.

Version suivie : document produit par l'écrivain au cours de la phase rédactionnelle*, quand il rassemble et met bout à bout les parties qu'il a travaillées séparément.

Écrire comme…

1. À notre époque, un personnage arrive dans un milieu qu'il ne connaît pas (autre pays, culture différente, milieu social plus modeste ou plus favorisé que le sien, environnement plus sûr ou plus inquiétant…). Rédigez deux scénarios, l'un très bref, l'autre plus détaillé, en indiquant ce qui surprend le personnage, ce qui lui arrive, quelles traces l'expérience laisse en lui.
2. Cherchez des comparaisons clichés qui célèbrent la beauté d'un corps humain ou stigmatisent sa laideur. Inversez le comparant et le comparé. Faites-en un texte qui devra donner une impression d'étrangeté.
3. Faites votre propre carnet d'enquêtes en rassemblant des données précises sur un milieu que vous connaissez bien (fonctionnement d'un club sportif, vie d'une rue, activité d'un centre commercial).

L'aspect sociologique et psychologique devra transparaître sous les faits de la vie quotidienne.

4. Prenez un paragraphe dans un texte de votre choix. Relevez un mot sur cinq (le premier, le cinquième, le dixième, etc.) jusqu'à en obtenir trente. Réemployez ces trente mots sans changer leur orthographe dans un texte cohérent et sur un sujet différent de celui du texte de départ.

5. Rédigez un texte d'une dizaine de lignes sans employer la préposition « de », ni les articles contractés « du » et « des ».

6. Un personnage attend, en haut d'un escalier, quelqu'un que sa présence inattendue surprend et émeut. Sur ce sujet, rédigez un texte d'une quinzaine de lignes. Collez cette première rédaction sur une feuille qui vous laisse des marges importantes et faites des additions (ajoutez deux cents mots environ). Étudiez ensuite les aspects du texte que vous avez choisi de développer.

7. Constituez une liste comprenant : un animal, un fait historique, une époque, un matériau, un titre de livre ou de film, un instrument de musique, un voyage, un sentiment. Échangez quatre de ces éléments contre les éléments homologues de la liste constituée par une autre personne. Rédigez un paragraphe incluant les huit éléments obtenus, sans dépasser une dizaine de lignes.

À quels auteurs avez-vous emprunté leurs méthodes ?

Qui a écrit... ?

Après avoir lu l'anthologie, pouvez-vous attribuer ces phrases à leurs auteurs ?

1. « Il est deux heures du matin. Je croyais qu'il était minuit. Je suis exténué d'avoir gueulé toute la soirée en écrivant. – C'est une page qui sera bonne, mais qui ne l'est pas. »

2. « Je vous recommande de faire remarquer chez vous [1] que mes épreuves sont très fragiles, j'ai collé des papiers qui pourraient facilement se décoller ce qui créerait des complications sans fin. Il y a des planches où il semble qu'il n'y ait que la moitié de la planche. C'est que j'ai apporté ailleurs le passage qui se trouvait là. »

3. « Je donne tous mes manuscrits et tout ce qui serait trouvé écrit ou dessiné par moi à la Bibliothèque nationale de Paris, qui sera un jour la bibliothèque des États-Unis d'Europe. »

4. « Parmi des projets possibles :

Le livre des deux mille phrases. Un linguiste (suisse) a recensé au moyen d'une enquête les deux mille phrases les plus courantes de la langue française et les a classées en fonction des situations auxquelles elles répondent : l'idée est d'en faire un roman ou une pièce de théâtre, en utilisant toutes ces phrases et celles-là seulement [...]. »

5. « [...] je me refuserai toujours à classer parmi les hallucinations les visites nocturnes de *** [...]. *** est réellement venue chez moi. Je l'ai vue. Je l'ai entendue. J'ai senti son parfum et parfois même elle m'a touché. [...] Il s'agit d'ailleurs moins pour moi de faire admettre comme réels des faits normalement tenus pour illusoires que de mettre sur le même plan le rêve et la réalité, me souciant peu, au demeurant, que tout soit faux ou que tout soit vrai. »

1. *Chez vous* : à vos employés ; il s'agit d'une lettre à un éditeur.

DOSSIER

Comment transcrire un manuscrit ?

Pour rendre le manuscrit compréhensible sans l'appauvrir, il faut indiquer les ratures, les corrections et les additions (ou ajouts). Pour cela, il existe des signes conventionnels, que nous rappelons ici.

- Un mot raturé se place entre crochets droits dans une transcription manuelle : [...] – en effet, quand on transcrit à la main, on ne peut pas raturer ce que l'auteur a biffé, car il serait impossible au lecteur de déterminer si la rature relève de l'auteur ou du transcripteur ; sur ordinateur, on peut utiliser le signe « barré ».

Je me suis couché [de bonne heure] tard.

Je me suis couché ~~de bonne heure~~ tard.

- Un mot ajouté se place entre soufflets : <...>

Il parlait d'une voix <grave et> rauque.

On peut utiliser des systèmes plus complexes, qui permettent par exemple d'indiquer si l'addition se trouve dans la marge (<<...>>), ou au-dessus de la ligne d'écriture (<...>). Dans tous les cas, on obtient une transcription linéaire : tout ce qui se situait dans les marges ou entre les lignes se trouve ramené sur la ligne (voir les transcriptions des textes de Proust ou d'Anatole France). Il existe une autre solution, la transcription diplomatique, dans laquelle la disposition du manuscrit sur la page est respectée, dans la transcription : longueur des lignes, emplacement des ratures et des additions (voir les transcriptions des textes de Flaubert et de Hugo).

1. Faites une transcription linéaire des manuscrits de Cocteau et de Proust (voir ci-après), puis une transcription diplomatique de celui de Proust.

2. Transcrivez un de vos brouillons en utilisant successivement les deux méthodes.

■ Lettre de Cocteau à Valéry.
(Avec l'aimable autorisation de Pierre Bergé, Les Amis de Jean Cocteau.)

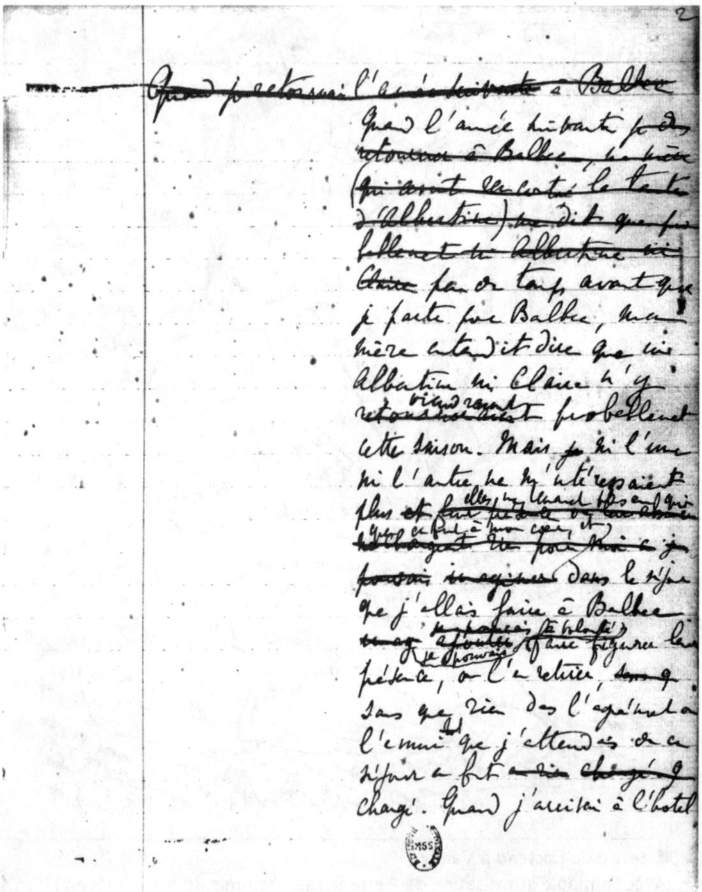

■ Copie au net de Proust avec corrections autographes (N a fr 16649).

Classer

Le passage suivant (texte 1), situé au début du roman de Flaubert, *Salammbô*, explique les origines du conflit entre les Carthaginois et les mercenaires. Après la première guerre contre Rome, les mercenaires attendent leur solde. Parmi les trois manuscrits transcrits (textes 2, 3 et 4), repérez la « mise au net ». Laquelle des deux versions précédentes Flaubert a-t-il préférée ? Comment l'a-t-il retravaillée ?

Texte 1

Mais on leur en voulait aujourd'hui de ne pouvoir les payer. Cette dette se confondait dans l'esprit du peuple avec les trois mille deux cents talents euboïques[1] exigés par Lutatius[2], et ils étaient, comme Rome, un ennemi pour Carthage. Les Mercenaires le comprenaient ; aussi leur indignation éclatait en menaces et en débordements.

Texte 2

On leur en voulait de s'être laissés vaincre et surtout de ne pouvoir ~~tous les payer / s'acquitter~~ les payer. Et tant de retards ~~ou de haines~~ am à la parole donnée amenaient des haines qui ~~mot illisible * se~~ se figeaient dans le cœur des Carth. en colère sourde et qui éclatait sur les lèvres des mercenaires, en menaces ouvertes et en excès.

Texte 3

Mais on leur en voulait de ne pouvoir les payer. ~~Cette dette~~ Elle se confondait même dans l'esprit du peuple avec les mille deux cents talents <euboïques> qu'avait exigés Lutatius et ils étaient comme Rome un ennemi pr Carthage. Les mercenaires le comprenaient et leur indignation éclatait.
<et il n'était pas de jour où leur indignation n'éclatât / et leur indignation éclatait en outrages <en menaces *> en débordements>

---

1. ***Talents euboïques*** : monnaie antique. On a vu avec quelle précision Flaubert se documentait.

2. ***Lutatius*** : général romain mort en 241 av. J.-C. Il remporta la victoire des îles Égates, mettant fin à la première guerre contre les Carthaginois.

Texte 4

On Mais Mais on leur en voulait ~~de s'être laissés vaincre et surtout~~ de ne pouvoir les payer / s'acquitter payer cette dette confondant <se> confondait dans l'esprit du peuple avec les mille deux cents talents ~~euboïques~~ qu'avait exigés Lutatius et ils étaient ~~presque les Romains~~ / ~~presque <comme> les Romains les ennemis~~ comme Rome un ennemi pr Carthage. ~~Mais ils le sentaient bien~~ ~~Les mercenaires~~ le sentaient bien ~~sentaient / comprenaient~~ devinaient cette haine injuste, ~~et leur indignation <jalouse> s'exhalait / éclatait en murmures, en menaces et en déportements~~

<Les M. le comprenaient et leur indignation éclatait.>

Les corrections d'imprimerie

Dans cet extrait de *Germinal* de Zola, corrigez les fautes d'impression au moyen des signes conventionnels utilisés par les typographes (voir p. 138) :

– Oui, oui, on nous donne du charbon, pas trop fameux, mais quibrûle pourtant… Quant au loyer, il n'est que de six francs par mois : ça n'a l'air de rien, et souvent c'est joliment dur à payer… Ainsi, aujourd'hui, moi, on couperait me en morceaux, qu'on ne me tirerait pas duex sous. Où il n'y a rien, il n'y a

rien. Le monsieur et la dame se taisaient, douillettement allongés, peu à peu ennuyés et pris de malaise, devant l'étalage de cette mière. Elle craignit de avoir blessés, elle ajouta de son ton juste et calme de femme pratique :

– Oh ! ce n'est pas pour me plaindre. Les chose sont ainsi, il faut les accepter ; d'autant plus que nous aurions beau nous débattre, nousne changerions sans doute rien… Le mieux encore, n'est-ce pas, Monsieur et, c'est de tâcher de faire honnêtement ses affaires, dans l'endroit où le bon Dieu vous a mis. M.Grégoire l'approuva beaucoup.

– Avec de tels sentiments, ma brave femme, on est au-dessus de l'infortune.

Honorine et Mélanie apportaient enfin le paquet. Ce fut Cécile qiu le déballa et qui sortit les deux robes. Elle y joignit des fichus,

même des bas et des mitaines. Tout irait cela à merveille, elle se hâtait, faisait enveloppé par les bonnes les vêtements choisis ; car sa maîtresse de piano venait d'arriver, et elle poussait la mère et les enfants vers la porte.

– Nous sommes bien à court, brégaya la Maheude, si nous avions une pièce de cent sous seulement...

La phrase s'étrangla, car les Maheu étaient fiers et ne mendiaient point. Cécile, inquiète, regarda son mère ; mais celui-ci refusa nettement, d'un air de devoir.

– Non, ce n'est pas dans nos nos habitudes. Nous ne povons pas. Alors, la jeunefille, émue de la figure bouleversée de la mère, voulut gombler les enfants. Ils regardaient toujours fixement la brioche, elle en coupa deux parts, qu'elle leur distribuas.

– Tenez ! c'est pour vous.

Puis elle les reprit, demanda un vieux journal.

– Attnedez, vous partagerez avec vos frères et vos sœurs.

Et, sous les attendris regards de ses parents, elle acheva de les pousser dehors. Les mauvres mioches, qui n'avaient pas pain, s'en allèrent, en tenant cette brioche respectueusement, dans leurs menottes gourdes de froid.

La Mahde tirait ses enfants sur le pavé, ne voyait plus ni les champs déserts, ni la boue noire, ni le grand ciel livide qui tournait. Lorsqu'elle retravesa Montsou, elle entra résolu ment chez Maigrat et le supplia si fort, qu'elle finit par emportait deux pains, du café, du beurre, et même sa pèce de cent sous, car l'homme prêtait aussi à le petite semaine. Ce n'était pas d'elle qu'il vouliat, c'était de Catherine : elle le comprit, quand lui il recommanda d'envoyer sa fille chercher les provisions. On verrait ça. Catherine le giflerait, s'il lui soufflait de trop près sous-lenez.

Changer une lettre	Elle voulait leur dinner l'idée de	o/
	la pièce de cent sous, elle continua de sa	
Ajouter une lettre	voix molle, explquant la dette fatale,	i
	timide d'abord, bientôt élargie et	
Changer un mot	~~déchirante~~. On payait régulièrement	dévorante
	pendant des quinzaines. Mais, un jour,	
Ajouter un mot	on se en retard, et c'était fini, ça ne se	mettait
	rattrapait jamais plus. Le trou se creusait,	
Supprimer un mot	les hommes ~~hommes~~ se dégoûtaient du	
	travail, qui ne leur permettait seulement	
Composer en romain	*pas* de s'acquitter. Va te faire fiche ! on	rom
	était dans le pétrin jusqu'à la mort. Du	
Créer un espace	reste, ilfallait tout comprendre : un	
	charbonnier avait besoin d'une chope	
Diminuer un espace	pour balayer les poussières. Ça	
	commençait par là, puis il ne sortait plus	
Faire suivre le texte	du cabaret, quand	
	arrivaient les embêtements. Peut-	
	être bien, sans se plaindre de personne,	
Intervertir des mots	que les ouvriers de tout même ne	
Faire un alinéa	gagnaient point assez. Je croyais, dit	
Intervertir des lettres	Mme Grégoire, que la Compagine vous	

Pour en savoir plus

Ouvrages généraux

P.-M. de Biasi, *Le Papier, une aventure au quotidien*, Gallimard, coll. « Découvertes », 1999.

P.-M. de Biasi, *La Génétique des textes*, Nathan, coll. « 128 », 2000.

Manuscrits publiés

G. Brassens, *Les Manuscrits de Brassens*, éd. A. Poulanges et A. Tillieu, Textuel, 2001.

G. Flaubert, *Plans et scénarios de Madame Bovary*, éd. Y. Leclerc, Zulma-CNRS, 1995.

G. Perec, *Cahier des charges de La Vie mode d'emploi*, éd. H. Hartje, B. Magné, J. Neefs, Zulma-CNRS, 1993.

M. Proust, *Carnets*, éd. A. Compagnon et F. Callu, Gallimard, 2002.

É. Zola, *Carnets d'enquêtes*, éd. H. Mitterand, Pocket, coll. « Terre humaine », 1991.

La Fabrique des Rougon-Macquart : édition des dossiers préparatoires, éd. C. Becker et V. Lavielle, Champion, 2003.

Les Manuscrits et dessins de Zola, éd. H. Mitterand et O. Lumbrose, Textuel, 2003.

Éditions électroniques

A. Gide, *Les Caves du Vatican*, éd. A. Goulet, réalisation P. Mercier, Gallimard, Université de Sheffield, 2001.

Le Rêve d'Émile Zola dans tous ses états, dossier présenté par la BNF et le Centre d'études sur Zola et le naturalisme (ITEM et université Paris III), sur Gallica (site Internet de la BNF : http://gallica.bnf.fr/zola/).

Création de maquette intérieure :
Sarbacane Design.

Composition : IGS-CP.
Imprimé par LIBERDÚPLEX en novembre 2006
N° d'édition : L.01EHRNFG2282N001
Dépot légal: novembre 2006

DERNIÈRES PARUTIONS

BALZAC
Le Bal de Sceaux (132)

CARRIÈRE (JEAN-CLAUDE)
La Controverse de Valladolid (164)

« C'EST À CE PRIX QUE VOUS MANGEZ DU SUCRE... »
Anthologie (187)

CEUX DE VERDUN
Les écrivains et la Grande Guerre (134)

CHRÉTIEN DE TROYES
Perceval ou le Conte du Graal (88)
Yvain ou le Chevalier au lion (66)

CLAUDEL (PHILIPPE)
Les Confidents et autres nouvelles (246)

COLETTE
Le Blé en herbe (257)

CRIME N'EST JAMAIS PARFAIT (LE)
Nouvelles policières 1 (163)

DEFOE
Robinson Crusoe (120)

DE L'ÉDUCATION
Apprendre et transmettre de Rabelais à Pennac (137)

FERNEY (ALICE)
Grâce et dénuement (197)

FÊTE (LA)
Anthologie (259)

FLAUBERT
La Légende de saint Julien l'Hospitalier (111)

GRUMBERG (JEAN-CLAUDE)
L'Atelier (196)

HOMÈRE
L'Odyssée (125)

HUGO
Les Misérables, t. I et II (96 et 97)
Quatrevingt-treize (241)
Ruy Blas (243)

JAMES (HENRY)
Le Tour d'écrou (236)

JEAN DE LÉRY
Le Nouveau Monde, Récits de voyage 1 (251)

LAROUI (FOUAD)
L'Oued et le Consul et autres nouvelles (239)

MAUPASSANT
Le Horla (11)
Le Papa de Simon (4)

MÉRIMÉE
Carmen (145)
Mateo Falcone. Tamango (104)

MOLIÈRE
Le Bourgeois gentilhomme (133)
George Dandin (60)
Le Médecin volant. La Jalousie du Barbouillé (242)

MONTESQUIEU
Lettres persanes (95)

NOUVELLES FANTASTIQUES 2
Je suis d'ailleurs et autres récits (235)

OVIDE
Les Métamorphoses (92)

PIRANDELLO
Donna Mimma et autres nouvelles (240)

RISQUE ET PROGRÈS
Anthologie (258)

SAND
Les Ailes de courage (62)

SHAKESPEARE
Roméo et Juliette (118)

STOKER
Dracula (188)

SURRÉALISME (LE)
Anthologie (152)

TCHÉKHOV
La Mouette (237)

WILDE
Le Fantôme de Canterville (33)